说话的艺术

告诉你张嘴开口的绝学

方州 / 编著

中国华侨出版社

图书在版编目（CIP）数据

说话的艺术 /方州编著 . —北京：中国华侨出版社，
2004. 3
ISBN 978 - 7 - 80120 - 774 - 6

Ⅰ. 说… Ⅱ. 方… Ⅲ.①口才学－通俗读物
Ⅳ. H019 - 49

中国版本图书馆 CIP 数据核字（2004）第 012232 号

● 说话的艺术

编　　著/方　州
责任编辑/蒋泽新
经　　销/新华书店
开　　本/710×1000 毫米　1/16　印张15　字数200千字
印　　数/5001-10000
印　　刷/北京一鑫印务有限责任公司
版　　次/2013 年 5 月第 2 版　2018 年 3 月第 2 次印刷
书　　号/ISBN 978 - 7 - 80120 - 774 - 6
定　　价/29.80 元

中国华侨出版社　　北京市朝阳区静安里 26 号通成达大厦 3 层　　邮编 100028
法律顾问：陈鹰律师事务所
编辑部：（010）64443056　　64443979
发行部：（010）64443051　　传真：64439708
网　　址：www. oveaschin. com
e- mail：oveaschin@ sina. com

前　言

　　学会说话，非常容易；但学会说让别人爱听的话，可不是一种容易的事。在生活中，后者是至关重要的，当然也是不容忽视的。难怪台湾著名成功学家林道安说："**一个人不会说话，那是因为他不知道对方需要听什么样的话；假如你能像一个侦察兵一样看透对方的心理活动，你就知道说话的力量有多么巨大了！**"

　　的确，"说话的力量"是巨大的。在生活中，有些人本领极高，可以翻江倒海，可以力拔山兮，但是就因为不会说话，或者只会说让人别扭的话，结果总是让自己活在气喘吁吁的感觉之中；相反，有些人本领一般，但是就是有一张好嘴，结果做什么事情都顺顺利利。这种对比，不是简单的，而是无数事实证明的金科玉律。

　　说话的艺术往往不是从道听途说中得来的，而是要靠自己的一天一天地感知，才能够真正顿悟出来。我们知道，说话——特别是善于说话，是一个人全面综合能力的表现，究竟该怎样做呢？

　　在我们看来，"说什么"和"怎样说"是两个不同的概念。把这两个概念破解开来，无非关系到以下几个问题：

　　一、打造说话高手的绝技。具体包括：找到说话的窍门；因人而异说不同的话；善于说让人能接受的话。

　　二、抓住说话火候的功夫。具体包括：嘴上得需要个把门的；盯住时机再开口；绝不说不该说的话。

1

三、把难事说成的技巧。具体包括：在上司面前该这样说；在同事朋友面前该这样说。

四、强化说话水平的本领。具体包括：提高表达的水平；掌握对方的心理。

五、防范说话陷入的死穴。具体包括：不能由着自己性子来；千万不要把话说绝；直来直去是不行的。

"生活是一本教科书"，这个话不知道被人重复过多少遍，同样"说话也是生活的艺术"这句话，却不被人知，更不被人所用。今天，我们和大家一起聊一聊这个主题，就想把我们所理解的"说话艺术"与大家分享，以便对你有所裨益。

最后，我们请大家记住这样一句话：

"把你最难说的话，用最巧妙的艺术去试一下，你就会觉得再无什么可以阻碍你的成功欲望了。"

目　录

第一章　打造说话高手的绝技

第二章　抓住说话火候的功夫

第三章　把难事说成的技巧

第四章　强化说话水平的本领

第五章　防范说话陷入的死穴

第一章
打造说话高手的绝技

第一节　找到说话的窍门

做一个会听话的人

虽然从对方的行为态度中可以辨别出他的心意，但是看透对方的方法，最主要的还是让对方多说话，凡是善解人意的能手，都是借着相互间的交谈来透视对方。

有这样一位经理－他的做法就和我们所说的原则背道而驰。他心存好意，请刘某到小吃店去喝酒，想要劝服刘某留下来，可是却没有收到效果。因为在会谈时，喝酒的目的是要使对方的心情放松，然后再引出他心中的话。可是经理一开始就在说教，自己这么严肃，叫对方如何能轻松得起来呢？而且在这种情况下，最忌讳的就是严肃的说教。

现代心理学，对于这个道理早已做了彻底的、有系统的分析。不过追本溯源，最先持有这个见解的人，当推 2300 年前的韩非子。

对此，韩非子认为：

如果要听取对方的意见，应该以轻松的态度来交谈，我们可从旁引导，让对方有多开口说话的机会，对方肯说出他的意见，我们就能根据他的意见，去分析透视他的心意。

无论是怎样的话题，都应该让对方尽量去发挥，无论内容是否真实，我们都可引来作为判断的资料，资料愈多，我们的判断就愈正确。但是，这样做并不是叫你一句话也不说，只默默地去听对方说话，因为过分的沉默，会使对方不好意思继续说下去。我们的目的，在于要让对方痛痛快快地把话说出来，了解对方的心意，因此必要时，我们应想法把对方诱导到知无不言，言无不尽的境地。

韩非子还说：不要使对方因为你的话而不能接着说下去。因此，我们开口发言时应多加斟酌。

每一个人都喜欢叙述有关自己的事，都想美化自己，也都想让对方相信自己的叙述；另一方面，每一个人又想探知别人的秘密，并且都想及早转告别人。这种现象，也许可以说是人的本性。"一吐为快"的心理，有时候会受到某种因素的限制，不敢大胆地说，遇到这种情况，我们应该想办法解除限制，这样，对方就会自动地说出心意了，这就是所谓的"善解人意"。

偶尔听到部属结结巴巴向上司汇报事情的时候，如果上司很不耐烦地说："好了好了！不要结结巴巴的，有什么话赶快说。"那这位上司，真可以说是比封建时代的君主还要专制！

假如对方因为某种因素而说不出话时，你应该想办法去帮助他，使他很自然地说清楚才对。

表示赞同对方的行为，也是"善解人意"的一种方法。像别人对我们表示赞同一样，有时我们也应该适当地向人表示赞同。但这种表示赞同的行动，不宜太快或太慢，因为过与不及都会使对方认为你是虚伪的。

真正巧妙地表示赞同的方法，就是要了解对方说话的内容和趋向，然后从多方面协助他（就像向导一般地为他开路）使他的谈话能够流畅，最好在他做结论时，你就可以向他表示赞同。

"唔"、"对！"、"有道理"……这类口头语，不宜多用。有时故意质问或做轻微的反驳，也可激起对方的兴趣，使他滔滔不绝地说下去。

但是，真正会说话的人，在交谈中，不仅仅要求对方能畅所欲言，同时他自己在暗中还要把持着领导的地位；这也就是说，他一方面表示赞同，一方面适当地加以询问，然后把对方引导到预期的话题上来。他不会让对方发觉整个交谈过程都是由他操纵的。

有一位在新闻界很有名的记者，他的文章虽然不怎样，但是他的采访能力非常强；不管遇到什么难题，只要他去采访，对方就不得不说出真话来。据这位记者表示："这并没有什么秘诀，只要能够充分了解对方的立场，把握好提问的方法，并配合自己的精力和耐力，再难的对手，我也不怕。"有一次，他这样说：

"老实说，我只是站在伴奏者的立场来演出，只要伴奏得法，不善于唱歌的人也能唱得很好。"

所谓"诱导询问"，是指询问者预先设好一个结论，然后再引导对方到这预期的结论上来。可是善于听话的人并不这样，他似乎只是在无意中把对方诱导到自己喜欢听的话题上。这二者之间，好像没有什么区别，事实上，他们的目的和方法却完全不同。

人际关系决定"话的效果"

一般来说，碰到你喜欢的人向你提到："有件事情想请你帮忙，但是……"你肯定会急着说："我替你办！是什么事情？"先表态，然后再了解事情的内容。但如果这个人你很讨厌，你的回答肯定就不一样了，你可能会答道："究竟有什么事？我马上还要去办点事哩。"一开始就摆出拒绝的态度。

我这样说的意思很明白，即使是相同的一件事，由喜爱的人提出或是由讨厌的人提出，接受的方式自然应该完全不同。如果是喜爱的人就欣然接受，反之，接受的程度就会大打折扣。

比如：有人多次在你面前提到胡先生总在背后说你坏话，但由于你对胡先生的印象很不错，你在心里喜欢他，就会回答说："不会的，他那个人我了解，不会背后说人的坏话。"或者至多问一句："真的是那样吗?"如果胡先生是一个你很讨厌的人,你的反应就不一样了。你肯定会答道:"哼,果然如此!"或者说:"我猜他一定会的,他就是这么讨厌的人。"

其实,不管多么冷静的人,要完全战胜情绪来接受别人的话,都是一件困难的事情。

话的效果是人际关系的基础,换句话说,话的效果代表各种各样的人际关系。因为人与人之间的远近亲疏就是从"效果"中透现出来。

你提出的事情如果能被欣然接受,实在是求之不得,但至少不遭到扭曲,或者一开始就被拒绝,弄成令人尴尬的局面。平常就要预先建立相互好感的人际关系,当然,万一达不到,或是在讲话途中有一点小误会,除非你想惹人讨厌,否则最好是别开口。

岔开话题的几种情形

在社交活动中,不论是怎样的初次会面,大都会因为工作关系而受到时间限制,一旦谈话离开了本题,则对于该办的事就会置之不顾了。

性急的人,每当对方离开话题时会很急躁,并努力想办法将谈话拉入本题。但是,如果想了解对方的内心,引出对自己更有利的结论的话,这种做法可不太聪明。

对方将话题岔开,大致上有三种情形。其一是因为完全不留神而岔开者,其二为突然产生的出乎意料的联想而岔开,另一种则是故意将话题引到别处。这些情形,都是说话者目前的兴趣和精力,已转向岔开的话题。

因此,对于对方的谈话不要打断,让他继续一段时间。如果是第一种情形的话,不久之后对方对于究竟何者才是本题也感到非常诧异。第二种情形中,因为本人并没有忘记本题,所以能自然地了解到其联想与本题的关系，而如果在隔一段时间之后仍然不能回到本题的话，就可以判断为第三种情形。

依此种方法可以了解到：乍看之下是很浪费时间精力的"离题谈话"，也可以成为了解对方的一个绝好机会。

会说与不会说大不一样

近代美国诗人佛洛斯特从说话的角度，把一般人巧妙地分成两类：第一类是满腹经伦，却说不出来的人；第二类是胸无点墨，却滔滔不绝的人。

佛洛斯特的观察相当深入，我们经常看到一肚子学问而讷于言辞的人，也不时听见不学无术的人废话连篇。因而，交谈最根本的条件是：既要有充实而有价值的内涵，又要善于表达，使人听得痛快，而且回味无穷。所以"有话可说"实在不是容易的事，要达到"言之有物"的境界，更要不断学习，力求充实自己。

平心而论，中国传统并不鼓励人研究交谈方法，顶多不过提出若干基本原则，让各人"运用之妙，存乎一心"而已。可是，大部分人却没有能力去体会并运用这些原则，甚至误解"巧言令色，鲜仁矣"的道理，弄得简直不敢开口。

然而在当今社会，社交场合交谈艺术却实在是处世的第一要诀，不可不细加研究。律师出身的美国参议员，也是美国最著名的演说家之一——戴普曾经说过："世界上再没有什么比令人心悦诚服的交谈能力更能迅速获得成功与别人的钦佩了，这种能力，任何人都可以培养出来。"

的确，能够在交谈中把意思有效地表达出来的人，走到哪里都可以出人头地。他们不但可借口才引起旁人的重视，也比一般人拥有更多、

6

更好的发展机会。一个人必须了解：如何探寻事物，如何说明事理，以及如何进行说服性的言谈，才能获得他人的支持。

闲谈是交谈的热身准备

除了一些业务性质的交谈，一开始就要进入正题之外，一般社交性质的谈话，多半是从"闲谈"开始的。

有些人就是不喜欢"闲谈"，他们觉得"今天天气哈哈哈"和"吃过早饭了吗"这一类的话，都是无聊的废话，他们不喜欢谈，也不屑于谈，他们不知道像这一类看来好像没有意义的话，却还是有一定作用的。什么作用呢？就是交谈的准备作用，就像在踢足球之前，蹦蹦跳跳，伸手伸脚，做一些柔软体操或热身运动一样。

一般的交谈总是由"闲谈"开始的，说些看来好像没有什么意义的话，其实就是先使大家轻松一点，熟悉一点，造成一种有利交谈的气氛。

当交谈开始的时候，我们不妨谈谈天气，而天气几乎是中外人士最常用的普遍的话题。天气对于人生活的影响太密切了，天气很好，不妨同声赞美；天气太热，也不妨交换一下彼此的苦恼；如果有什么台风、暴雨或是季节流行病的消息，更值得拿出来谈谈，因为那是人人都关心的。

开始交谈，的确是需要相当的经验，当你面对着各式各样的场合，面对着各式各样的人物，要能作得恰到好处，实在不是一件容易的事。倘若交谈开始得不好，就不能继续发展之间的交往，而且还会使得对方感到不快，给对方留下不好的印象。

自然，亲切有礼、言词得体是最重要的。然而做到这一点，也不能说就一定会收到良好的效果。

因此，平时除了你所最关心、最感兴趣的问题之外，你要多储备一些和别人"闲谈"的资料。这些资料往往应轻松、有趣，容易引起别人的注意。

除了天气之外，还有些常用的闲谈资料，例如：

1. 自己闹过的有些无伤大雅的笑话。例如，买东西上当啦，语言上的误会啦，或是办事摆了个乌龙啦等等，这一类的笑话，多数人都爱听。如果把别人闹的笑话拿来讲，固然也可以得到同样的效果，但对于那个闹笑话的人，就未免有点不敬。讲自己闹过的笑话，开开自己的玩笑，除去能够博人一笑之外，还会使人觉得自己为人很随便，很容易相处。

2. 惊险故事。特别是自己的或朋友的亲身经历的惊险故事，最能引起别人的注意。人们的生活常常不是一帆风顺的，每天大家照常吃饭，照常睡觉，可是忽然大祸临头了，或是被迫到一个很远的地方，路上可能遭遇到很多危险……怎样应付这些不平常的局面，怎样机智地或是幸运地在间不容发的时候死里逃生，都是一个人永远不会漠视的题材。

3. 健康与医药，也是人人都有兴趣的话题。谈谈新发明的药品，介绍著名的医生，对流行病的医疗护理，自己或亲友养病的经验，怎样可以延年益寿，怎样可以增加体重，怎样可以减肥……这一类的话题，不但能吸引人的注意，而且实在对人有很大的好处。特别遇到自己或家人健康有问题的时候，假如你能向他提供有价值的意见，那他更是会对你非常感激的。事实上，有哪一个人、哪一个家庭没有这方面的问题呢？

4. 家庭问题。关于每个家庭里需要知道的各方面的知识，例如儿童教育、购物经验、夫妇之间怎样相处、亲友之间的交际应酬、家庭布置……这一切，也会使多数人发生兴趣，特别对于家庭主妇们。

5. 运动与娱乐。夏天谈游泳，冬天谈溜冰，其他如足球、羽毛球、篮球、乒乓球，都能引起人们普遍的兴趣。娱乐方面像盆栽、集邮、钓鱼、听唱片、看戏，什么地方可以吃到著名的食品，怎样安排假期的节目……这些都是一般人饶有兴趣的话题。特别是有世界著名的音乐家、足球队前来表演的时候，或是有特别卖座的好戏、好影片上演的时候，这些更是热闹的闲谈资料。

6. 轰动一时的社会新闻也是热闹的闲谈资料。假使你有一些特有的新闻或特殊的意见和看法，那足够可以把一批听众吸引在你的周围。

7. 政治和宗教。这两方面的问题，倘若你遇到的人，大家在政治上的见解颇为接近，或是具有共同的宗教信仰，那这方面的话题，就变成最生动、最热烈、最引人入胜的了。

8. 笑话。当然，人人都喜欢笑话，假如你构思了大量各式各样的笑话，而又富有说笑话经验的话，那你恐怕是最受人欢迎的人了。

获得对方好感的说话技巧

一、多提一些善意的建议

当他人关心自己时，只要这份关心不会伤到自己，一般人往往不会拒绝。尤其是能满足自尊心的关怀，往往立即转化为对关怀者的好感。

满足他人自尊心最佳的方法就是善意的建议。对方是女性时，仅说："你的发型很美"，只不过是句单纯的赞美词；若是说："稍微剪短点，看起来会更可爱"，对方定能感受到对自己的关心。若是能不断地表示出此种关心，对方对你必然更加亲切信任。

二、偶尔暴露自己一两个小缺点

每当百货公司举办"瑕疵品贱卖会"，必然造成汹涌的盛况，甚至连大拍卖也比不上它的吸引力。为什么"瑕疵品"能如此地激起人们

9

的购买欲呢？这可说是百货公司敢于表示商品具有瑕疵的缘故。

之所以如此说，是因为坦率地暴露缺点，反而使一般民众对该公司正直、诚实的作风留下深刻的印象，而此种诚实、正直往往转变成民众对其商品的信赖，自然公司也就大受其益了。

只是暴露自己的缺点并不是毫不保留地将所有的缺点都暴露出来，如此做，反而使人认为你是个毫无可取之人，因而丧失了你的信用。

暴露的缺点只要一两个就可以了，可使他人难以将这一两个缺点和其他部分联想在一起，因而产生其他部分毫无缺点的感觉。"这个人有点小缺点，但是其他方面挑不出毛病来，是个相当不错的人！"类似上述的想法就能深深植入他人的心中。

三、要记住对方所说的话

某位心理学家应邀至地方上演讲时，不料主办者之一却问他："请问先生的专长是什么？"他颇为不高兴地回答："你请我来演讲，还问我的专长是什么？"

招待他人或是主动邀约他人见面，事先多少都应该先收集对方的资料，此乃一种礼貌。换句话说，表现自己相当关心对方，必然能赢得对方的好感。

记住对方说过的话，事后再提出来做话题，也是表示关心的做法之一。尤其是兴趣、嗜好、梦想等事，对对方来说，是最重要、最有趣的事情，一旦提出来作为话题，对方一定会觉得很愉快。在面试时，不妨引用主考官说过的话，定能使主考官对你另眼相看。

四、及时发觉对方微小变化

依我来说，一般做丈夫的都不擅长对妻子表现自己的关心。比方说，妻子上美容院改变发型时；明明觉得"看起来年轻多了"，却不说出口。因而使妻子心里不满，觉得丈夫不关心自己。

不论是谁，都渴求拥有他人的关心。而对于关心自己的人，一般都具有好感。因而，若想获得对方的好感，首先必须先积极地表示出自己的关心。只要一发现对方的服装或使用物品有些微小的改变，不要吝惜你的言词，立即告诉对方。例如：同事打了条新领带时，"新领带吧！在哪儿买的？"像这样表示自己的关心，决没有人会因此觉得不高兴。

另外，指出对方与往日不同的变化时，愈是细微、不轻易发现的变化，使对方高兴的效果愈大。不仅使对方感受到你的细心也感受到你的关怀，转瞬间，你们之间的关系就会远比以前更亲密可信。

五、呼叫对方名字

欧美人在说话时，常说："来杯咖啡好吗？史密斯先生"、"关于这一点，你的想法如何？史密斯先生"，频频将对方的名字挂在嘴边。很令人不可思议的是，此种作风往往使对方涌起股亲密感，宛如彼此早已相交多年。其中一个原因就是，他感受到对方已经认可自己了。

在我们的社会里，晚辈直接呼叫长辈的名字，是种不礼貌的行为。但是，借着频频呼叫对方的名字，来增进彼此的亲密感，并不是百无一利的方法啊！

六、提供对方关心的"情报"

我有位朋友有个奇怪的习惯，总是在他人名片的背面写上密密麻麻的记事。

与其说他是为了整理人际资料或是不忘记对方，倒不如说是为了下一次见面做准备。也就是说，将对方感兴趣的事物记录下来，再度见面时，自己就可提供对方关心的情报作为礼物。

即使只是见过一次面的人，若能记住对方的兴趣，比方说是钓鱼吧！在第二次、第三次见面时，不断地提供这方面的知识或是趣事，借此显示自己对于对方的兴趣很关心，结果，必然使对方产生很大的好感。

或许有些人会认为此种做法太过于功利主义。事实决非如此。此种做法的确出于对对方的关心，而去收集种种的"情报"。借着经常保持此种姿态，结果必然能将一般通用的话题化为己身之物。换句话说，以长远的目标来衡量，此种做法能成为表现自我的有力武器，延续对方对自己的好感和信任。

如何寻找交谈的话题

交谈时，应该如何引起话题？如何才不致使话题中断？仔细观察就会发现，在交谈中出于劣势的一方常常是寻找话题的责任者，例如在求人办事的过程中，求人者需要仔细挑选交谈的话题；在谈生意的过程中，希望合作的一方则有选择交谈话题的义务，至于在情侣的交谈场合中，往往会听到男人喋喋不休地谈论这种或那种的事，而我们单位如何如何，通常是最常见的话题。

如果这对恋人是在同一个单位服务的话，这倒是个很不错的话题；否则，一定会使女方觉得无味。例如，假若男方是在汽车保养场工作，于是他一直谈着汽车零件或机械构造方面的事，那一定会使女性听得发呆，而不知应从何答起。

所以，聪明的男人应该站在关怀对方的立场去和对方交谈，尤其是采取主动的男人更应该注意，不论如何，关怀对方总会令对方觉得愉快。

另一方面，作为被动的一方，女性对于不懂内容的话题，也不要显出漠不关心的样子。不过，事实上，这是个很不好应付的场面，你应该怎么做呢？原则上，只要你对每一件事，都具有强烈的好奇心，那应该就不会有不感兴趣的话题出现才对。

往往，一些你本来不感兴趣的话题，也会带给你意外的收获，使你受益匪浅，比如说，以后和别人谈话时，如果再提到这个话题的话，你就可以说："我上一次也和某人谈论过这件事，……"这样，就可说另一个新话题了。

现在有很多年轻女性，从学校毕业之后，就放弃了学习精神，这是错误的态度，人应该活到老学到老。现在有人以为学习就是要看书，这是毫无道理的看法，古代的学者（如苏格拉底、孔子等）哪里是由看书而来的？还不都是从别人的谈话中自己学习的。

无论男人还是女人，与人交谈时，除了能带来兴趣外，还能增广自己的见闻。有了这种想法后，在你的世界里，应该不会再有不感兴趣的话题存在了。

当然，和呆板的人交谈时，只要你多花一点心思去注意，你也会发现很有趣的地方。还有从老人家、双亲、上司……等的谈话中，也往往可以得到非常丰硕的收获。现在的年轻女性，都具有很强烈的反抗意识，往往将双亲的话置诸脑后，实在是很可惜，请捺下性子，好好的听一次，你会发现很有趣、很有用的一面，听完后，你若觉得有必要批评的话，再去批评也不迟，批评和聆听是两回事。

一般来说，老人闲谈是很有趣的。当然，有时也免不了会觉得他们所说的话很无聊或是太落后，但是，不管怎么说，老人家的经验多，知识丰富；因此谈话的内容往往会很精彩，值得一听。

最近年轻女性的话题总是局限于流行的服饰，时代的潮流等，有的人除了烹饪以外，对其他的话题都不感兴趣，这种作法已限制了话题的范围，那你怎么能成为会话的高手？又怎能成为受人欢迎的人？

看到这里，也许就有女性马上会撅着嘴说："那我和别人交谈时，到底要怎么做嘛？"老实说，要寻找话题并不是一件很困难的事。因为，在你的生活环境中，只要是看得到的东西，都可拿来当作话题，例如报纸、电视、自己的经验……等。聪明的你，是不是找到好话题了？

善意的交谈是友谊的开始

每天在汽车上，在电梯内，在行走中，当我们开口与擦肩而过的人们谈话时，你是否意识到你们的友谊可能就在此时开始产生呢？这种体验也许你也曾经有过吧。

毫无疑问，沟通的最好形式就是语言。通过语言可以表达我们的善意，可以激发对方的好感。当你说话时，如果能使对方谈他感兴趣的事情，就表示你已经很巧妙地吸引了对方。此时，我们再以问答的方式诱导对方谈论有关他个人的生活习惯、经验、愿望、兴趣等问题。

对方如果对你的问题有兴趣，自然乐意叙述自己的一切，而你不就成了他的听众了吗？对方会因为你那关怀备至的态度而开怀畅谈，甚至会因此对你表示出崇敬之意。

就拿你个人来说吧，如果有人肯接纳你，听你阐述你的人生观，或向你请教有关的专门问题，你就会对他表示好感，这就是所谓的人之常情。能善于利用这种人之常情的人，才算得上是一个聪明的人。

例如，你若想深入地了解某一个人，不妨以目前的政治情况，工业界的状况，或他所驾驶的汽车厂牌，现在的交通状况，高速公路的路况，目前的所得税率，食品价格等等问题来和他交谈。换言之，也就是让对方开口谈论他所关心的话题，而你的责任就是负责提出这一类的问题。

仅仅一面之交，就想与对方成为亲密朋友的最好方法，就是跟对方交谈。我们都知道，一个人最愿意谈论的，而且也是最关心的话题，莫过于他个人的一切事情。只要你肯花一点时间，让对方畅所欲言地叙述他自己的事情，那么，他就有可能成为你的莫逆之交。

美国纽约市凤凰人际关系协会的专家学者哈利·N·赫歇尔先生曾说过：他在日常生活中，觉得最感兴趣，也是最有意义的一件事就是跟别人交谈。为此，他细述道："常常有人来向我请教，问我如何与在吃午餐时所碰到的、或是在旅馆门口以及旅行车上遇到的人说话。我对他们说，在双方互通一些例行的客套话之后，可以客气地问对方：请恕冒昧，可以问你从事哪一种职业吗？如果对方乐意回答，便可以进一步地问他：'可以告诉我，究竟是什么原因促使你从事那种职业呢？'"关于这个问题，十有八九的人都会回答：'唉！说来话长……'这么一来，我们不就很自然地成了他的听众了吗？而对方因为有人听他讲话，自然会侃侃而谈了"。

第二节　因人而异说不同的话

说话要看准对象

同样一句话，你对甲说，甲肯全神贯注的听，你对乙说，乙却顾左右而言他。这时候对甲说，甲乐于接受，那个时候对甲说，甲觉得不耐烦。这除了表示甲乙两个人的生活环境不同，也表示甲前后的心情不一样。

当年赵高要陷害李斯，对李斯申说秦二世的行为不对，劝李斯进谏，并约定乘二世有闲时候，代为通知李斯。有一天李斯应约进宫，二世正与姬妾取乐，看见李斯进来。心中很不高光，而李斯却茫然无所知，正言进谏，二世只好当场敷衍一下。等李斯一退出，二世便开始发牢骚，说丞相瞧不起他，什么时候不好说，偏在这个时候来罗嗦！

李斯的杀身之祸也就是因为如此。可见你要向对方说话，应该注意什么时候最适宜。对方正在工作紧张的时候，不要去说话；对方正在焦急的时候，不要去说话；对方正在盛怒的时候，不要去说话；对方正在放浪形骸的时候，也不要去说话；对方正在悲伤的时候，更不要去说话。只要有上述几种情形之一，你去说话，一定会碰一鼻子灰，不但说话的目的达不到，而遭冷遇，受申诉也是意料中的事。

你有得意的事，就该与得意的人谈，你有失意的事，应该和失意的人谈。和失意的人谈你得意的事，你不但不知趣，简直是挖苦、讥讽他，他对你的感情，只会更坏，不会变好的。和得意的人谈你失意的事，他至多与你作表面的应付，决不会表示真实的同情。有时还可能引起误会，以为你是要请他帮助，他会预先防备，使你无法久谈。所以你要诉苦，应找同情形的人去诉，同病自会相怜，不但能得到精神上的安慰，亦可稍叙胸中不平之气。你要谈得意事，应该向得意的人去谈，志同道合。年轻人涵养功夫不够，稍有得意的事，便逢人就说且自鸣得意，结果招人骂你器小易盈，笑你沾沾自喜，无意中还会惹起别人的妒忌。偶有不如意使你觉得满腹牢骚，如有骨鲠在喉，不免逢人就诉，结果惹人讨厌，说你毫无耐性，甚至笑你活该。

总而言之，你要说话，先要看准对象，他是愿意和你说话的人吗？如果所遇非人，还是不说为好；这个时候，你是要说话的时候吗？如果时候不对，还是不说话的好，说话的成功与失败，诚然与你的说话技术有关，而是否得其人得其时，也与你说话的成败有很大的关系。多说话，别人未必当你是能干，少说话，也未必当你是呆子。

从对方得意的事情说起

每一个人都有自认为得意的事情，这事情的本身，究竟有多大价值，是另一问题，而在他本人看来，却认为是一件值得终身纪念的事。你如果能预先打听清楚，在有意无意之间，很自然地讲到他得意的事

16

情，只要他对你没有厌恶的情绪，只要他目前没有其他不如意的刺激，在情绪正常的情况下，他一定高兴听你说的。

你在说的时候当然要注意技巧，表示敬佩，但不要过分推崇，否则反而会引起他的不安。对于这件事情的关键，要慎重提出，加以正反两方面的阐述，使得他认为你是他的知己。到了这种境地，他自会格外高兴，自会亲自演述，你该一面听，一面说几句表示赞赏的话，如此一来，即使他是个冷静的人，也会变得和蔼可亲，你再利用这机会，稍稍暗示你的意思，为试探，作为第二次进攻的基点。这不是你的失败，而是你的初步成功，对于涉世经验不丰富的人，得此成绩，已不算坏，你若想一举成功，除非对方与你素有交情，又正逢高兴的时候，而且你的谈吐又是很容易令人接受的，否则千万不要存此奢望。

不过对方得意的事情要从哪里去探听，那当然要另谋途径，试就你的朋友之中，有否与对方有交往的人，如果有的，向他探听当然是最容易的。你如能留心报纸上的新闻，或其他刊物，平日记牢关于对方的得意事情，到时便可以应用。此外随时留心交际场中的谈话，像这些时候谈到对方得意的事情，也是很平常的事。但是必须注意，对方得意的事情，是否曾遭某种打击而消灭，如有这种情形，千万勿再提起，以免引起对方不快，反而对你不利。因为对方在高兴的时候，你的请求，易于接受，对方不高兴的时候，虽是极平常的请求，也会遭到拒绝。比方他新近做成一笔发财生意，你去称赞他目光准，手腕灵，引得他眉飞色舞乘机稍示来意，也是好机会。诸如此类的例子很多，全在于你随时留心，善于利用。

不过当你提出请求时，第一要看时机是否成熟。第二说话要不亢不卑。过分显出哀求的神情，反而会引起对方藐视你的心理。你的心里尽管十分着急，说话表情，还是要表示大方自然，并且要说出为对方着想的理由来，而不是为你自己打算。

措词因人而异

我们在与人交往的时候，如果所讲的事情能够带来心灵的变化，那么，其结果也将改变人际关系。

听了这话，或许你会反驳说："难道所讲的事情都必须是好事？""难道跟每个人说话都一定要很客气吗？"其实，有这种想法是过于单纯。你所讲的事情与你讲话的方法，应该视与对方的交情深浅而变化着。这也是语言的技巧问题。

有关措词的使用，对于上级或不太亲近的人，要用敬语，对小孩就用对待小孩的语言。

也就是说，如果对任何一种人都用同样的措词，同样的口气说话，人家岂不会认为你这个人有毛病？也可能你在使用敬语时，对方会说"竟然提到那样的事，这还算是朋友吗？"或是"千万别说那种见外的话，我们交往了多年，应该说是好朋友了。"这就是你的措词不当造成的。

因此，正确的措词和表达方式，是依靠彼此心理的亲疏而定的。不管何时，如果对任何人都以同样的方式进行交谈，总有地方会发生矛盾，重要的是在交谈前就要分清楚。轻浮而善于逢迎的人多失败在这上头。

是否能正确地衡量他人与自己的关系，这是各人的教养，这也是为什么有教养的人说起话来总让人感到如沐春风的关键所在。

分辨对象说话的技巧

古语中有一个词叫"拾人牙慧"，说的是对别人刚说的话很快能明白，而且能够说出他未说完的意思。将这个词用到与人交往时说话的技巧上可以说是恰如其分。

首先，应先了解对方的一些经历情况和生活状况。思维方式的不相同，也要特别了解他的生活愿望，生活观点。

其次，必须注意对方的心境特征。如果在交谈当中，不顾对方的心理变化，而一味地将想法统统搬出来，那么，你是得不到他的认同的。一厢情愿的谈话往往会让对方厌恶。

不该说话的时候说了，是犯了急躁的毛病；该说话的时候却没有说，从而失掉了说话的时机；不看对方的态度便贸然开口，叫作闭着眼睛瞎说。在交谈过程中，双方的心理活动是呈渐变状态的，这就要求我们在和人交谈中应兼顾对方的心理活动，使谈话内容和听者的心境变化相适应并同步进行，这样才能让交谈者达到明朗化，引起共鸣。因为说话更应清楚对方的身份和性格特征。

性格外向的人易于"喜形于色"和他可以侃侃而谈；性格内向的人多半"沉默寡言"，则应注意委言婉语、循循善诱。

其三，必须考虑到对方的反应。前不久，有位外国旅游者在旅华期间自杀了，为了减少话语的刺激性，经再三推敲，最后在死亡报告书上回避了"自杀"两字，而用了"从高处自行坠落"这一委婉语。在中国北方，老人故世了，以"老了"讳饰，老干部故世了，以"见马克思去了"讳饰，类似有不下几十个同义讳饰词语。再如，生活中对跛脚老人，改说"您老腿脚不利索"；对耳聋的人，改说"耳背"；对妇女怀孕说"有喜"。总之，在语言交流中讲究讳饰，也就是"矮子面前莫说矮"，应做到"哪壶不开就别提哪壶"。其他如，长途汽车停车路边，让旅客如厕以"让各位方便一下"来避讳，用餐时需上厕所，一般以去"洗手间"来避讳。在社交场合用这些讳饰式的委婉语，不至于大煞风景。

另外，也可以用曲折含蓄的语言和商洽的语气表达自己看法的方法。例如：1981 年 8 月 31 日《人民日报》介绍优秀营业员李盼盼，她在卖菜时，对公德观念不强的顾客说："同志，请您当心一点，别把菜叶碰下来。"

如何与名人交谈

与名人说话时，不要有害羞畏怯的心情，只要真正表现你内心的意思，你就能与任何名人开口说话。有些人对名人只是一味的说些奉承话及空洞话，这样是不能使对方愉快的。如果你是真诚的，那你就把深烙在内心的印象，说给他听，他会深深感到愉快，但所用的措词和说话的态度都要得体。你可以把他视为一位有血有肉的人来对待，对他提出一些能够表达感情的问题，不要把他视为什么超人。他也实实在在像任何人一样的，敌不过疲倦，也承受不住伤害。他们可能比你更脆弱，而且与你一样害羞。不要认为他的人格真的就如他借以出名的职业一样。他向公众所投射的信心、睿智、仁慈、滑稽或性感等影像，实际上往往是杜撰的。

当你同时应付两位名流时，不要只顾你所景仰的一位，而置另一位于不理，这会使他们两位都不自在。你应该说，遇见两位，真是使人兴奋，如果你想和他们继续交谈，那么你必须保证话题是他们二位都能参加意见的。换句话说，你要确保三人谈的方式。如果你对另一位名人并不熟悉，而且在经过介绍之后，你仍想不起有关他的任何事迹，你也不能对他有所疏忽。你必须一视同仁的，表现同样的热情和友善。

不喜欢说话的名流，包括外貌滑稽突出而似乎容易亲近的喜剧演员在内，他们在舞台上已经笑到了极限，因此，在真实生活中是再也无法幽默的。作家、诗人、画家、音乐家等等，从事创作性工作的人，虽不大喜欢说话，但这些人往往对政治乃至于宗教，都有广泛的兴趣。他们在社交场合也许不活跃，不自在，但他们有启发人们思想的独见之处，你和他们说话，必须耐心，不要轻易动怒，也不要太热切，要温和、冷静和体贴，就像应付任何敏感的人一样。

名人往往比寻常人作更多的奉献，而且也有私人的嗜好。当你准备去拜访某位名流时，你可以预先作点谈话内容的准备，如果他是位知名度很高的名人，那么，你可以向有关方面的人去打听。比如他被邀来本地作演讲，而你想与他结识，那你即可向邀他来的单位或个人，索取有关他的资料，他们不会拒绝你索取资料的心意。

名气一般的名人，总是生活在情绪不稳定的状态，他们内在的恐惧，使他脆弱敏感，别人稍有疏忽就会激怒他们，而且他们也容易傲慢。然而，他绝对需要你的尊重和顺从，他的名气愈小，他对于亲切、尊重的需要也就愈大了。

褪了色的名人，也就是过时的名人，最好采取迂回的战术，也即是通过第三者来了解他的问题。你的开场白应当是积极的，如这些日子以来你是如何打发的呀，或我们很久没有见你在公众场合露面，你去哪儿了？或这么久不在舞台上露面，觉不觉得无聊呢？这些话等于当头泼他一盆凉水。消极的开场白，要尽量避免，这无论如何也无法使他表达他的真情了。这样接下去的话，都会成了废话。

在多数情形下，与名人谈孩子是不会错的。你可以问对方有几个孩子，多大了，他们现在在哪儿，以及孩子读的学校好不好，学习成绩好吗？如果你也当了爸爸或妈妈，那么，你就更具备和他们谈孩子的资格了。你可以告诉他们，你的孩子已经长大，或和对方的孩子同龄，你也可以向他们表达，你对孩子蓄长发的感觉，或孩子喜欢搜集小动物等等。且话题不要扯得太远，要适可而止。更不要把所有的隐密都抖出来。

我们与大人物接近，最重要的就是不要忽略了他们也是人，对待他们，完全要像对待平常人一样，他们也有欢乐，有悲伤，有缺点，有痛恨，有惊恐，是和平常人一样有感情，他们并不是上帝或神的傀儡，他们并不因为有了地位就不再是人。他们是和你一样的，这即是你和他们接触最坚实的基础。他们在什么时候都不是神或上帝。

如何与有钱人说话

有钱人比名流还要敏感，他的富有往往是别人与他谈话发生困难的关键，他的财富使你对他敬而远之——不只是心理上，实际上你的生活方式就和他有很长的一段距离。

他和你之间的谈话材料，实际上你对他缺乏了解，甚至完全无知，而变得很有限。或者你可能认为，你和他之间没有谈话的余地了。你当然可以这样使自己获得心理上的平衡，不能谈就不谈，反正于己也无损失。不过，假定你偏巧遇上了一位富翁，不管他是不是你的老板，你不知所措的呆站一旁，总是不好受的。

当你遇到有钱人时，你可以设法让他说往事。过去的工作是否比现在更有趣？他爬到现在这个地位的关键是什么？谁是早年助他成功的英雄？当年的老板是否使他紧张？他的百万财富是不是他自己创造的，以及他怎样赚到他的第一笔百万金钱的。如果这个问题问得他不大自在，你就准备跳到其他问题上去吧。不要盯着问，那会很不愉快的。

如果他不愿意打开他的记忆之门，你就问他的工作时间，问他如何承担那么重大的责任，问他爱好哪些休闲活动，以及怎样布置他的办公室，很多有钱人的办公室，布置得就像豪华气派的皇宫一样，很有一谈的余地。同时记住，特别是当对方是一位医生时，不要忘了他也是血肉之躯，也是一个普通的人，你也可以和他谈谈他的健康问题。

大富的人如果是一位妇女时，不管她出于哪一途，人们对富婆的看法，往往有失公平，甚至流于残酷。她们的背后有很多流言，比如说她的成功靠的是无情，她是一个残忍，掠夺成性的怪物。纵然同是女人也一样，她们对富婆往往持有偏见。

在社交场合，我们不宜向各种专业人员要求提供免费的建议。即使你的问法很技巧，那也是一种冒犯，而且你问得再技巧也瞒不过专业人员。男人常喜欢在交易场合和律师谈他们的敌手之间的问题，女人则喜欢在公共场合和医生谈她们的孩子和丈夫。这其实与我们一向所遭遇到的电器商人索取免费的电器，并无不同。各种专业人员的职务，便是向他们的客户出售商品。我们应该在他们的营业时间才向他们提出各种建议。

你对富翁们提出有关事业上的意见，以尽量避免为宜，如果确实有提出的必要，也许可以这样表白你的意见，这次能认识您，真令人高兴，我有一个困扰很久的小问题，我想您也许能解开我的迷惑。我发现有些公司生产的酱油，瓶盖很难打开，我奇怪何以要封得那么紧呢？你所表达的是同一个意见，但其中有很大的不同。这种表达的方式，显示你对问题的关切，而你又未指名道姓的说出他的产品。你请他解答你的迷惑，你的立场是消费者，是外行人，而他是非常能干的大富翁。他会乐意答复你的问题，因为你是他的听客，不是向他挑战来的。

当你和银行家、鞋店老板或任何孩子的母亲谈话时，你均不宜过分直率。坦直是无可厚非的，但适当的含蓄更值得学习。当我们说，你是怎么能使这么多人来光顾你这地方？和我们说你这地方何以总是乱成一团，往往所表示的意思是一致的，但是，你要知道，前者是不会使人难堪，而后者常会引起听者的羞怒。那么，我们何以不取前者呢？

说话不是竞争，不是斗嘴。商人把他的时间和金钱都投资在他的事业之中，并与其他的同行竞争，这是他们为争生存所付的代价，其中有些人发达起来，有些奋力维持。如果他们能遇见一位能和他们交换意见而没有敌意的人，他们会觉得幸福和快慰的，如果你能发现他可引为尊荣的地方，以及他觉得有成就和有价值的地方，那么，他在你的眼前会开花结果的，你们就能缔结有建设性的友谊。

在什么山上唱什么歌

人只要有一点长处，就值得同他交往。而你所交往的人，都或多或少地各有长处。

心理学原理告诉我们，在不同场合环境中，人们对他人的话语有不同的感受、理解，并表现出不同的心理承受能力。比如，在小场合和大场合，家庭场合与公众场合，人们对于批评性说法的承受能力有明显的差异。通常在公众场合中使用指责性说法最易引起人们反感。试想，如果这次批评是在两个人之间进行的，对方一般也决不会顶撞，可能会很平静地接受批评。

正因为受特定人际关系和场合心理的制约，有些话只能在某些特定场合里说，换一个场合就不行。同样一句话，在这里说和在那里说也有不同的效果。因此，在人际交往中，说什么，怎么说，一定要顾及场合环境，才有利于沟通。不顾及场合的心直口快是不值得提倡的。为了追求理想的表达效果，对于心直口快者来说，起码应注意这样几个问题：

一、要在思想上强化场合意识

有些人在交际中对人说话直出直入，惹人生气，把事情办砸，完全是主观上缺乏场合意识的结果。他们对人很诚实，遇事时往往只从个人主观感觉出发，以为只要有话就应该说，心里有什么嘴上就说什么，不管什么场合环境就往外捅，结果有意无意地冒犯了人。自己还莫名其妙，不知道毛病出在哪里。有两个老工人平时爱开玩笑，几天没有见，一见面就说："你还没有'死'呀？"对方也不计较，回一句："我等着给你送花圈呢！"两个人哈哈一笑了事。后来甲因重病住进了医院，乙去医院看望，一见面想逗逗他，又说："你还没有死呀？"这一次，甲的脸一下子拉长了，生气地说："滚，你滚！"把他赶了出去。人家正在病中，心理压力很大。他在病房里对着忧心忡忡的病人说"死"，显然是没考虑场合，人家怎能不反感、恼火？其实，这位老工人说这话也是好意，想给对方开开心，只可惜他缺乏场合意识，开玩笑弄错了地方，才闹出了不愉快。

这个事例说明，有些人说话所以惹恼人，并不是他们不会说话，而是场合观念淡薄，头脑中缺乏这根弦。所以，对于这些人来说，当务之急在于增强场合意识，懂得不同场合对说话内容和方式的特定限制和要求，时时不忘看场合说话。应当努力做到在每次投入交际活动时，要把场合大小，人数多少，及其相互关系搞清楚，据此确定自己的说话内容和方式。在具体说法上，既要考虑自己的交际目的，又要顾及他人的"场合心理"，追求主客观的高度一致。

二、要自觉摆脱谈吐上的惯性

人们的言行往往带有一定的习惯性。有些不当的话语并不是主观上想这样说，而是受习惯的支配一不留神顺嘴流出来，造成与场合环境的不协调，事后连他们自己也感到后悔。比如，小李陪妻子高高兴兴上街买东西。在熙熙攘攘的商场里，妻子兴致很高，从这个柜台到那个柜台，买了这件，又看那件，快到中午了仍没有打道回府的意思，小李有些不耐烦了。当妻子提出再买一件高档羊毛衫的时候，他忍不住，生硬地说："你还有完没完，见什么买什么，你挣多少钱哪？"这句话刚出口，顾客们都朝他们身上看，妻子本来微笑的脸顿时变了样，生气地反驳道："怎么，我还没有花够钱呢，你急什么？我就要买，怎么着！"直把小李顶得说不出话来，难堪极了。接着发怒的妻子也不买了，蹬蹬地自个走出商店。使小李不解的是，妻子的性格本来很温顺，在家里从来不大声说话，更不要说发火了，说她什么都不计较，可今天为什么她的火气这么大呢？很显然，是小李忽略了场合因素，把在家庭中惯用的说法拿到公众场合来，用生硬口吻指责妻子，刺伤了妻子的自尊心，才引发妻子为维护自己的面子表现出强硬态度。

所以，心直口快的人必须有意识摆脱自己口语表达上的惯性，养成顾及场合，随境而言的良好表达习惯。在交际活动中，要把交际对象、交际场合、交际时间等多种相关因素都考虑进去，想一想如何张口，选择最恰当的方式说话，以使自己的谈吐既符合场合要求，又符合对象的接受心理，最大限度地实现与交际对象的沟通。

三、要善于控制自己的不良情绪

经验证明，人们忽略场合因素，造成语言失控，还常常发生在情绪冲动之时。比如，有的人喝酒之后，或遇到兴奋事情时，情绪十分激动，甚至忘乎所以，不能自控，便会说出一些与场合气氛不协调的话来，造成不良后果。有个特能侃的青年，在朋友的婚礼酒席上，大侃自己的见闻，逗得人们哈哈大笑。不料他心血来潮，讲起了一个新婚之夜新郎杀死新娘的奇闻。还没等他说完，新娘的脸色就变了，新郎见状也火了，不客气地把他轰了出去。这个青年的失言就是由于情绪失控造成的。在喜庆场合卖弄自己的口才，说与场合气氛很不协调又不吉利的话题，难免惹恼人。

怎样与老年人谈话

不听老人言，吃亏在眼前。这句中国老百姓耳熟能详的俗语，从一个侧面证明了人们对老年人智慧的肯定。所以与老年人交谈往往能给我们许多人生的体验和启示。所谓老人的智慧，通常都是在与他们的谈话中体会到的。

但是仔细观察就会发现，喜欢与老年人交谈的青年，甚至中年人都太少了。他们或者埋怨老人说话罗嗦，或者认为他们所说的话题陈旧，或者认为他们思想保守，孰不知他们错过了分享老人智慧和经验的大好时机。

一般人是很难跟比自己年长三十岁以上的人谈得来的。三十年是一段很长的时间，生活方式，兴趣爱好，教育程度，社会风俗以及思想观念都发生了剧烈的变比。各方面距离都那么远的人，实在很难有共同志趣。

在这种情况下，同情和了解可以产生良好的融合作用。老年人多半喜欢追忆往事。如果你能引导他谈谈自己的过去，不但对他是一件很快乐的事，对你又何尝不是一个难得的机会？能够听到一个人亲口告诉你三十年前，或是五十年前的事情，这是十分难得的。

经过时间的淘汰和岁月的流逝，那些仍然深刻地留在老人们心中的，多半是一些印象深刻而生动有趣的故事。

有些老年人生命力还相当旺盛，仍然关心着现在的社会，对报纸上的新闻仍然产生着浓厚的兴趣。那么，最好是让他们把现在的事情和过去作个比较。这不但是他们最喜欢的，同时也是年轻人最感兴趣的。

因此，年青人在与老人谈话时要了解老年人以上的这些特点，并做好充分的准备聆听。一般来说，采取以下几种方法是比较受老年人欢迎的：

其一，从老年人过去光荣的历史谈起。例如谈谈老年人过去得到的荣誉，老年人最喜爱的纪念品，老年人最清楚的历史事件等等。

其二，从老年人感触最深的话题谈起。例如老年人的经历和今昔对比，老年人过去唱过的歌，老年人的日记或他们所读过的书等等。

其三，从老年人最关心的问题谈起。例如老年人的衣食住行，老年人的保健及体育活动等。

其四，从老年人最尊敬和最关心的人谈起。例如老年人所尊敬的爱国英雄，无产阶级革命家，他们的老上级，他们的老师等等。

第三节　善于说让人能接受的话

一唱一和

许多人在表达自己的意见时，如果听者十分热心地听，便会非常起劲而更加投入。如果听者听到一半时，提出相反的意见，便会因不高兴而丧失说话的兴趣。

如果您的对手属于这个类型，您应不持任何异议而赞成到底，使他心情愉快地讲完。例如：对方与其上司或同事意见不合，而坚持固执己见时，须表示赞成：

"我觉得你的意见绝对正确，我如果站在你的立场，想法也会和您完全一样。"

如果，时而听到他极端的或反道德的想法时，也要以"您说的不无道理！"之类的话附和，积极接受对方的意见。绝对不要提出"您的想法错了！"或"我还有另一个办法。"等反对的意见或忠告。

对任何意见都表示一致、赞同，对方便会认定自己所说的全是对的，而一直心情愉快地敞开心胸说话，无意中必定会泄露出您想听到的话。

诱惑推测法

人都有各种欲望，而人生在世，大多以达成欲望为最大的目的。有人为达成目的，用尽所有的计策，想尽所有的办法，甚至杀人越货，也在所不惜。换句话说：这种人是在追求欲望、滥用欲望，而为欲望所支配了。

对人而言，没有比欲望更具诱惑的。掩饰人的双重、三重性格或隐藏本性的假面具，便是为了满足欲望的手段。因此，了解对方的欲望，便能推测出对方的心意，例如：在商业上的往来，可因而推测出对方是否会想收到回扣或贿赂，若对方沉迷于球赛或酒馆而需要金钱时，这个方法便更有效。

任何人都多少有些欲望，从极大的野心，乃至极小的愿望，都各自存在于人心中。有的人会若无其事地将心中的欲望说出来，有的人则会暗自藏在心底；但若根据对方的行动，以及对事物的想法，便不难刺探、推测出。

例如：借机与商业对手交谈。无论是喝酒、麻将、景气、兴趣……所有的话题，都可逐渐引出对方的兴趣。而且，又可反过来了解对方对自己的态度、容貌所持的评价。

当谈到对方的工作时……

"你大概就要升任科长了吧？"

试着刺探对方的心意。

"哦！不……"摇摇头。再看看对方的表情，好像有所暗示，由此可知，必有愿望藏在他的心中。如果对方非常郑重地表示：

"实在没有道理！以我的能力，竟无我一席之地！"

听到这类的回答，便知对方的欲望不在于此，在其他方面，而将工作的不满发泄在兴趣方面，但是，公事究竟是公事，对方即使想升任科长，也绝不会忽略他目前担任的工作。

如果对方的兴趣在下棋、打麻将等方面，那么便能轻易地一拍即合。因为，从下棋、打麻将中，易于推断出对方的性格，与人性的种种面貌。

下棋时容易争吵的人；未考虑自己的局势，便想轻取对方棋子的人；保全自己棋子，再吃对方棋子的人；绝不吵架的人；不管对方，而以自己的速度下棋的人；毁灭型、细心型、推托型、极度在意胜负型、见树不见林（不顾全局）型、固执型、干脆型等等，均可由此意外地发现这个人的另外一面。

同样，在打麻将时，各人的做法，也表现出他的性格：逞强型、败弱型、胆小型、一着定江山型、慎重型、矛盾型、忍耐型、紧追不舍型、混合型……种种不同类型的性格，复杂而有趣。

在兴趣方面表现出来的性格，大致上便可表现出其人平日的性格、态度。然而，了解了对方的性格或想法，不一定就能决定胜负；此外，读书的倾向、读书的方法，也可当作推测的材料，或者也能利用对方所喜好的电视节目，来了解他的心理；此外，通过打高尔夫、打台球等游戏的方法，或喝酒的习惯动作，只要仔细观察，都可从中推测出对方的性格。

"捧捧" 别人

有句老话：休要长他人志气，灭自己威风。所以普通人对于自己，总是拼命抬高身价，对于别人，总是吹毛求疵。

"捧"字好像有些不顺眼，其实这是无所谓。"捧"就是宣传，宣传是政治家的"捧"。"捧"就是广告，广告是商人的"捧"；不过商人的广告是自己"捧"自己，政治家的宣传，是雇人来捧自己，与这里的"捧"人家有些分别。"捧"人家是办法，自古有之，叫作互相标榜。但是所谓"捧"，更不是瞎吹，并不是胡说，也要根据对方的实际情形来看。每个人都有所短，也各有所长，普通人对于别人，只看见短处，看不见长处，把别人的短处看得很重大，把长处看得很平凡，所以往往有觉得欲"捧"而无可"捧"之处。其实只要你先存着"三代以下无完人"的思想，原谅他的短处，看看他的长处，可"捧"的地方多着呢！而且你"捧"某甲，并不欺骗大众，只是使大家注意某甲的长处，也使某甲对于自己的长处，因大众的注意，而格外爱惜，格外努力，养成比目前更为优越的长处。所以你"捧"人家是宝物，人家也来"捧"你，那么宝物正所以成己，可见"捧"是使自己也成为宝物的工具，绝不是卑下的行为。俗语说：人捧人，越"捧"越高，你也高，他也高，这不是人己两利的事吗？

但有几种捧法，最要不得的。当某甲一个人面前来捧他自己，有些人，也许不领你这一套。当着大众来捧甲某，把他的长处，作一次义务宣传，他一定非常高兴。只要"捧"得不过火，大众也不会觉得你在有意的"捧"。或者在某甲的背后，宣扬他的长处，把几件具体的事实，加几分渲染，使听到的人，对某甲发生良好印象，事后再传到某甲，他的高兴，比当面"捧"他更是有利。一有机会，他也会还敬你，把你大"捧"一场。俗语说："有钱难买背后好。"足见重视背后"捧"，是人之常情，如你会写文章，那么写文章也是"捧"人的一法，一有机会就把某甲的长处作为你文章的举例，说出他的真实姓名，你的文章，有一百人读，就是向一百个人"捧"他，有千人读，就是向一千个人"捧"他。被你捧的某甲会是多么高兴，多么得意，对你的感情，也一定会大有长进。联络感情，原不是一件容易的事，用"捧"来联络感情，是最简单最有效的方法，而且就道德论，还正与古人扬善之旨相吻合。

从前也有人以不轻易许可人为正直的表示，其实其人正直与否是另一问题，而眼界太高，胸襟太狭，却是不可否认的事实。眼界高胸襟狭，他自己必不十分得意，因为不得意，对于一般人多少有些仇视的成分，所以越发不肯轻意许可人了。年轻人的不肯"捧"人，第一是误认为"捧"人就是谄媚，有损自己的人格；第二是自视清高，觉得一般人都比不上他；第三是怕别人胜过了自己，弄得相形见绌。如果能够摒弃这种不健全的心理，而用心研究如何"捧"人的方法，必然能领略到其中的好处。

"间接恭维"的妙用

赞美词是一把双刃利剑，在社交中，它能增进人际关系，也能破坏人际关系。适当的赞美，就像社交中的润滑剂；但过分的赞美，就会被对方认为你虚伪和别有用心而受对方卑视。

那初见面时该说些什么赞美词才恰当呢？我们无需在对方的人品或性格上下功夫，最要紧的是，对其过去的事迹、行为或身上的装饰品等，即成型的具体事物，作适当的赞美。当你说"你真是位好人！"时，也许发于至诚，但在初见面的短时间内，你又怎么知道呢？因此容易引起对方的怀疑和戒心。

如果夸赞对方的事迹或行为，情况就不同了。因为对既成事实的赞美，与交情的深浅无关，对方也较易接受。我们不必直接去赞美对方。只要作"间接的恭维"，于初见面时就能收到效果。若对方是女性，那么她身上的衣服首饰，便是我们予"间接恭维"的最好题材。

了解了这种"间接恭维"的效用后，与其毫无准备地去面对一位初识的人，倒不如事先准备"间接恭维"的材料。有了这种准备，对方往往会因你一句赞美辞而毫无保留地打开心扉。

用"间接恭维"调动对方的情绪

初见面时，容易犯的毛病就是一股脑滔滔不绝地谈论对方不明白的事物，尤其是只谈论自己较熟悉的事物，当然自己所懂的事物，也就是自己所感兴趣的事物。大家常常容易陷入一种错觉，认为对方也和我们同样有这方面的兴趣。因此可知，能够掌握住和对方教育相等程度的话题，就不会有对话上的失败。刚开始和对方谈的话题尽管很少，但也相当容易知道如何才能和对方融合成一片。

一般而言，在文章里或会话中，人们对于自己不了解的事物频频出现时，常有拒绝谈论或兴趣阑珊的倾向，于是不会想去关注这些话题，这种拒绝和缺乏兴趣的倾向，也很容易转变成对人的拒绝，这道理大家应该很容易了解吧！

一些作者在撰写以大众为对象的文章时，使用到专门术语时，都会事先声明"大概你已经知道了吧！"事实上就是用来缓冲这种拒绝的倾向。那么这能够使用的范围，虽然很难完全写出来，但事先表明话题时，纵然是对方不明白的事物，即刻声明"大概你已经知道了吧！"就可发挥出相当好的效果来了。

对于自己不知道的事物，被人称说"大概你已经知道了吧！"而生气的人而言，这也不是什么不好的事情吧！因为自己如被人这样评价，大概都会引以自豪才对，利用这种"间接式恭维"来提高对方的情绪，对于继续谈论自己不懂的话题，就较少有拒绝的倾向，甚至会试着聆听并且关心起这个话题。当你与不明该事物的人谈话时，一定要提醒自己必须考虑到这一点。

赞美要注意对策

我有一位担任编辑的朋友，长得很像一位电影明星。当我和他一起到酒吧时，首次见到他的女服务员，也都说他长得很相像。可见他的容貌、气质的确与某电影明星相似。通常，被认为与名演员相像，大都不会生气才对。但我那位原本不喜开口的朋友，却因此而益发沉默了。

也许，女服务员在说这句半奉承、半开玩笑的话时，并无特别的含意，所以看到我朋友不高兴，一定感到非常奇怪。对以服务顾客为业的她们来说，我不得不说这种赞美的方法，实在很不高明。我的朋友深知自己的缺点便是给人一种冷漠的感觉，而那位电影明星又专饰冷酷反派的人物，因此别人说他们相像，虽是赞美他，却也等于指责了他的缺点。

赞美是门大学问，就像上述的例子，自认是缺点的事，反而受到夸赞，当然令他无法接受。所以，要引出对方更多的话题，必须很快看出对方希望怎么被称赞，然后再朝这一方面下手，一矢中的。也就是要满足对方的自我。因此，在远未确定对方的喜好前，千万不要随意赞美对方，免得弄巧成拙。

其次，如果对方满意你的赞美时，不要就此结束，应改变表达方式，再三地赞美同一点。因为仅仅一、二次的赞美，会被认为是一种奉承，而重复的称赞，可信度会提高。所以，赞美对方时，一定要三思，并随时注意对方心情的变化。

"赞美"对方鲜为人知的东西

与其恭维别人生意兴隆，不如赞美他推销产品的努力，或赞美他的经商之道，请人"指教一切"是不行的，你应该择其所长，集中某点来请他指教，如此他一定会高兴得多。

凡说恭维赞美的话一定要切合实际，到别人家里，与其乱捧一场，不如赞美房子布置得别出心裁，或欣赏壁上的一张好画，或惊叹一个盆栽的精巧，你要毫无成见地欣赏别人的爱好和情趣。

主人爱狗，你应该赞美他养的一只狗；主人养了许多金鱼，你应该欣赏那些鱼的美丽。赞美别人最近的工作成绩，最心爱的宠物，最费心血的设计，是比说上许多无谓而虚泛的客气话要好得多。

特别关心别人的某一种事物，必使人在欣喜之外还觉感激。士为知己者死，女为悦己者容。钟子期死后，伯牙终身不再鼓琴，其感恩知己至如此甚者，不外子期能懂得欣赏他的琴声并给予其恰如其分的赞美而已。所以善于说话的人，每每因一句赞美的话说得适当，就在他的前途奠下了一个基础，这并非奇事。

从内心里发出的敬佩别人的话才有意思，如果对于对方不够了解，就不可盲目地恭维。不切实际的恭维是很容易使人讨厌的。

如果对一个有地位名望的人，则赞美所用的字眼应当另为研究。首先要想到，一个名人之所以能够成为名人，一定是他在某一项工作上有特殊的贡献，而在他成名之后，赞美他工作的人一定很多，积久生厌，你依样葫芦地用别人所用过的话来恭维他，是不会使他觉得高兴的，这些他听得太多了。

大抵成名了的人，对于他的工作已成了习惯，你的恭维要是不能别出心裁，一定不能打动他的心。

对付那种人，最好选择他工作以外的另一种事情去赞美他。譬如某银行界巨子，喜欢在闲时写写诗，那么你赞美他调整金融的努力，不如说他的诗写得好，因为已成名了的工作，无需你再来恭维，他的诗写得很好，却不为人所知，你要是特别提到，一定会给他意外的惊喜。

所以你要记住，赞美一个普通人你可以赞美他努力了许久而无人注意的工作，尤其是他足以自豪的工作或本领。

但对于一个名人，你却要欣赏他那些不大为别人所知道的，却是他自以为得意的事情。

学会给人戴"高帽"

恭维别人并不是轻而易举的事，所谓的"拍马屁"、"阿谀"、"谄媚"，都是技艺拙劣的高帽工厂加工的伪劣产品，因为它们不符合赞美和恭维的标准。

高帽尽管好，可尺寸也得合乎规格才行。滥做过重的高帽是不明智的。赞扬招致荣誉心，荣誉心产生满足感，但人们发现你言过其实时，常常因此感到他们受到了愚弄。所以宁肯不去恭维，也不宜夸大无边。

过分粗浅的溢美之词同时会毁坏你的名声和品位。不论用传统交际的眼光看，还是用现代交际的眼光看，阿谀谄媚都是一种卑鄙的行为。正人君子鄙弃它，小人之辈也不便明火执杖应用它，即使被人号称的"拍马行家"或"马屁精"，也会对这种行为嗤之以鼻。孔老夫子有话："巧言令色鲜矣仁。"毛泽东生前也多次批评过吹吹拍拍、拉拉扯扯的庸俗作风。可见，阿谀谄媚者，无仁无义、俗不可耐。

在现实的交往中，大凡向别人敬献谄媚之词的人，总是抱着一定的投机心理，他们自信不足而自卑有余，无法通过名正言顺的方式博取对方的赏识，表现自己的能力，达到自己的目标，只好采取一种不花力气又有效益的途径——谄媚。

如何做好高帽呢？

①恭维话要坦诚得体，必须说中对方的长处。

人总是喜欢奉承的。即使明知对方讲的是奉承话，心中还是免不了会沾沾自喜，这是人性的弱点。换句话说，一个人受到别人的夸赞，绝不会觉得厌恶，除非对方说得太离谱了。

奉承别人首要的条件，是要有一份诚挚的心意及认真的态度。言词会反应一个人的心理，因而轻率的说话态度，很容易被对方识破，而产生不快的感觉。

②背后称颂效果更好。

罗斯福的一个副官，名叫布德，他对颂扬和恭维，曾有过出色而有益的见解：背后颂扬别人的优点，比当面恭维更为有效。

这是一种至高的技巧，在人背后颂扬人，在各种恭维的方法中，要算是最使人高兴的，也最有效果的了。

如果有人告诉我们：某某人在我们背后说了许多关于我们的好话，我们会不高兴吗？这种赞语，如果当着我们的面说给我们听，或许反而会使我们感到虚假，或者疑心他不是诚心的，为什么间接听来的便觉得悦耳呢？因为那是赞语。

德国的铁血宰相俾斯麦，为了拉拢一个敌视他的属员，便有计划地对别人赞扬这部属，他知道那些人听了以后，一定会把他说的话传给那个部属。

③别像一个暴发户花钱那样，大手大脚地把高帽扔得到处都是。

对于不了解的人，最好先不要深谈。要等你找出他喜欢的是哪一种赞扬，才可进一步交谈。最重要的是，不要随便恭维别人，有的人不吃这一套。

高帽就是美丽的谎言，首先要让人乐于相信和接受，所以就不能把傻孩子说成是天才，那样会让人感到离谱；其次是美丽高雅，不能俗不可耐、低三下四，糟塌自己也让别人倒胃口；再者便是不可过白过滥，毫无特点，不动脑子。

赞美人要准，奉承人手法要新

对于初次见面的人，哪一种赞美最有效呢？依笔者之见，最好避免以对方的人品或性格为对象，而称赞他过去的成就、行为或所属物等看得见的具体事物。如果赞美对方"你真是个好人"，即使是由衷之言，对方也容易产生"才第一次见面，你怎么知道我是好人"的疑念及戒备心。

如果赞美过去的成就或行为，情况就不同了。赞美这种既成的事实与交情的深浅无关，对方也比较容易接受。也就是说，不是直接称赞对方，而是称赞与对方有关的事情，这种间接奉承在初次见面时比较有效。如果对方是女性，则她的服装和装饰品将是间接奉承的最佳对象。

我与不少朋友的全家都相处得很好，其中与一家夫人的友谊甚至比和她丈夫的友谊更为深厚，当然我们之间的关系绝不会使人产生误会。本来我只认识她的丈夫，那么我怎么成了她全家的朋友呢？起因是在与她初次见面的那次宴会上我随便说出的一句话。

当时，我被介绍给这位朋友的夫人，由于当时没有适当的话题，就顺口说了一句"你佩带的这个坠子很少见，非常特别"，企图以此掩饰当时的尴尬。我说这句话完全是无意的。因为我根本不懂女人的装饰品。出人意料的是，这个坠子果然很特别，只有在巴黎圣母院才买得到，这是她的心爱之物。随便说出的这句话，使夫人联想起有关坠子的种种往事，从此我们便成了好朋友。

要恰如其分地赞美别人是件很不容易的事。如果称赞不得法，反而会遭到排斥。为了让对方坦然说出心里话，必须尽早发现对方引以自豪、喜欢被人称赞的地方，然后对此大加赞美，也就是要赞美对方引为自豪的地方。在尚未确定对方最引以自豪之处前，最好不要胡乱称赞，以免自讨没趣。试想，一位原本已经为身材消瘦而苦恼的女性，听到别人赞美她苗条、纤细，又怎么会感到由衷的高兴呢？

另外，从第三者口中得到的情报有时在初次见到对方时能起到重要的作用。因此，利用所得到的情报当面夸奖对方，当然也是为了自己主动。但是，如果你将这些情报、传言直接转述给对方，恐怕只会遭到轻蔑。因为满街飞舞的有关他的传言就是人们对他公认的名声。对此他已经听腻了，甚至麻木了，如果你旧事重提，对方表面上也许付之一笑，内心却十分厌烦，甚至会说："看！又来了！老一套！"而将你打入他以前认识的很多平庸者的行列。

有关对方的传言，对你来说即使十分新鲜，也应避开这些陈旧的赞美之词，而大大赞美他较不为人所知的一面。正如现代著名作家三岛由纪夫的著作《不道德教育演讲》中的将军，一听到别人称赞他美丽的胡须便大为高兴，但对于有关他作战方式的赞誉却不放在心上。这种心理是每个人都有的。大概不少人赞美军人，不论在这方面怎样赞美他，也只是赞歌中的同一支曲子，不会使他产生自我扩大感。然而，如果你对他军事才能以外的地方加以赞赏，等于在赞词中增加了新的条目，他便会感到无比的满足。

赞美人要出其不意高人一筹

人是感情动物。被别人赞扬时，都会露出喜悦的神情。尽管知道那不过是阿谀奉迎，也不会产生厌恶感。有些人听到言过其实的赞美词，会得意洋洋，倘若再加奉承，更会飘飘欲仙。

赞美话是人际关系的润滑油，活用赞美是人际关系的一个关键。而且赞美不嫌多，若只说一次便再也不说了，其效果就难以发挥，若能扶梯式地不断上升，就能达到上乘效果。

赞美别人时，有两种情况，一种是对一般优点的赞美，一种是对大家不注意的细微优点的赞美。两相比较，后一种赞美更容易使人喜悦。

法国某将军屡战屡胜，当别人称赞他是了不起的军事家时，他无动于衷，因为他已确认自己打胜仗是当然的事了。而当有人指着他的发须说，"将军，您的发须真可与美髯公相媲美"，将军欣然地笑了。

又如，女性对自己的五官、仪表、体态优点都非常清楚，若在这上面作文章，只会使她觉得多余，甚至被认为是虚伪的奉承。但若在对方不以为然的部位上作文章，肯定对方的不为人注意的优点，对方便会喜不自胜。

对专家、教授赞美他的业余爱好，比如说某某数学教授的书法很不错，比赞美他的专业成就更会得到他的好感。

甜言蜜语多多益善

人们常说，情人的话是最不值钱的，又是最值钱的。不论是一见钟情的少男少女，还是同舟共济几十年的老夫老妻，绵绵情话总是说了又说，讲了又讲。每每听到爱人说"我爱你"，总是能激起万般柔情，千种蜜意。恋爱总离不开交谈，这似乎是经验之谈，对初次相见的男女来说尤其如此。

已婚夫妇也需要交谈，虽然说情感的交流是多渠道的，但语言交流是到什么时候也淘汰不了的。

艾莉结婚刚进入第三个年头，就和丈夫分居了。她对律师说："他一定是有问题。每天回家很少和我讲话，吃完饭就一下躺到沙发上看电视，再也不想起来，一直到深夜。看完最后一个电视节目，就爬上床，也不问我是否劳累，是否有兴趣，就要求做爱，一句多情的话也没有，仿佛情话都在结婚以前说完了，实在让人难以忍受。"

艾莉需要的并非什么奢侈品，只是丈夫那柔情蜜意的私语。

亲切的私语是恋爱中的男女所不可缺少的。尤其是在进餐或是放松时的亲切交谈，可以称得上是爱情的一种"情感增效剂"。

美国加州医学院精神与心理临床研究专家巴巴克说："对许多妇女来说，谈爱与感受到爱远比性交更重要。尤其对那些忙于家务、整天带孩子的妇女来说，更是如此。那种巧妙的、带刺激性的私语往往使她们获得真正的快慰。"

42岁的卡克与达娜已结婚8年，他记得曾一度羞怯于向妻子倾吐自己满腔的爱。"有一天晚上，我深吸了一口气后，滔滔不绝地向她倾诉了对她的柔情，对她的爱恋。我告诉她：对我而言，你是世界上最不平常的女子。我这番热情洋溢的话使她万分激动，连我自己也感动不已。现在，我一有机会便向她表露我的衷肠，而我每次都觉得感情比以前更为炽热。"

可是，应该说什么呢？怎样说才能使说的人不致于做作，听的人不觉得肉麻呢？"当你感到一股穿堂风吹过或觉得闷热时，你说些什么呢？你会脱口而出说：'真凉快！'或'真热！'无须多想，也用不着长篇大论，爱的语言也是这样。如果你正和爱人一起呆在屋里，你觉得能和她在一起真高兴，那你就对她说：'和你在一起我真高兴。'"

大家所熟知的大文豪马克·吐温常常把写有"我爱你"、"我非常喜欢你"的小纸条压在花瓶盘子下，给妻子一分意外的惊喜。这种习惯伴随他们生活的一生。可见，甜言蜜语绝非多此一举，而是恋人们增进感情的一种良好途径。

良言处处暖人心

称呼，往往是待人接物时说出的第一个词，它好像是一个见面礼，又好像是进入社交大门的通行证。称呼得体，可以使对方感到亲切，交往便有了基础，称呼不得体，往往会引起对方的不快甚至愠怒，双方陷入尴尬境地，致使交往梗阻甚至中断。

那么，怎样称呼才算得体呢？这要根据对方年龄、身份、职业等具体情况和交往的场合，以及双方的关系来决定，不可能有统一的固定形式。

过去，有这样一个故事；有个年轻人骑马赶路，眼看已近黄昏，可是前不着村，后不着店。正在着急，忽见一位老汉从这儿路过，他便在马背上高声喊道："喂！老头儿，离客店还有多远？"老人回答："五里！"年轻人策马飞奔，急忙赶路去了，结果一口气跑了十多里，仍不见人烟，他暗想，这老头儿真可恶，说谎骗人，非得回去教训他一下不可。他一边想着，一边自言自语道："五里、五里、什么五里！"猛然，他醒悟过来了，这个"五里"，不是"无礼"的谐音吗？于是拨转马头往回赶。追上了那位老人，急忙翻身下马，亲热地叫声："老大爷！"话没说完，老人便说："客店已走过头了，如不嫌弃，可到我家一住。"

这个故事所以流传很广，是因为它说明了一个朴素的道理：见了陌生的长者，一定要呼尊称，特别是当你有求于人的时候，比如："老爷爷"、"老奶奶"、"大叔"、"老先生"、"老师傅"，等等。

称呼还必须区分不同的职业。对工人、司机、理发师、厨师等称呼为"师傅"。但是时下许多青年人，不管遇到什么人都口称"师傅"，这样难免就会闹出笑话。

几个年轻人结伴到承德避暑山庄去旅游。这天他们从避暑山庄出来，想去八王庙，为抄近路，两个小伙子上前去问路，正遇上一个卖茶叶蛋的姑娘。一个小伙子上前有礼貌地叫了声："小师傅！"开始这姑娘没有答应，小伙子以为她没听见，又高声叫了一声。立刻激怒了这位姑娘，她嘴上也不饶人，气呼呼地说："回家叫你娘小师傅去！"两个小伙子还算有涵养，压了压火气，没有发作。本来是有礼貌地问路，反倒挨了一顿骂，这是为什么？后来他才知道，当地农民管和尚、尼姑称为师傅，一个大姑娘怎愿意听人家称她为"小师傅"呢？难怪那位姑娘发脾气。

总之，称呼人要因人而异，因地而异，得体的称呼，会使一个人在与他人的交往中，更加大方，更加受人欢迎。

第二章
抓住说话火候的功夫

第一节 嘴上得需要个把门的

诱导对方说出真话

人们都希望能够根据表情、动作，可以看穿对方心理，然而在形形色色的人中，有些人面无表情令人难以捉摸。这种人最难以相处。碰到这样的顾客，根本无法掌握其购买的意愿。甚至商谈过程中，令人以为有购买的欲望，而在商谈结束后却表示拒绝。也可能看似带有好感，其实内心感到憎恶。或许话中另有玄机，表面上说"不"内心却说"是"。

相信有不少人多么渴望有面可以照射人心的镜子，以避免人际关系中的揣摩之苦。

专注地盯着眼前的商品把玩的顾客，到底是为了消磨时间或真的想购买？若要诱导人们的真心必须积极主动地出击以判断其反应，这时当然需要一点心理上的技巧。

（1）是否惹人嫌

人际往来中最难以掌握的，是揣摩对方是否对自己有好感。实际上对方有否好感在反应上会有某些不同的表现。

譬如，凝视对方，故意目不转睛地盯着对方的眼睛谈话。如果对方是异性而对你有好感，当你盯着她瞧时，她也不会岔开视线，她的眼睛会一眨也不眨地凝视着你。在这个时候轻声地说些甜言蜜语，会使她的眼神变得柔和。从眼睛可以了解女性的心理。

但是，推销的场合不能如法泡制。该如何才能掌握对方具有"好感"的真心呢？

在交谈中不妨故意拂逆对方的意见处处给予反驳。接连数次向对方表示"不"，对方的态度必会急速地转变。尤其是对方想要传达自己的心意时，故意给予打断而大声地抢话说。在这个关头对方会露出真心。如果对你不表好感，会抗议道：

"喂，你！先听我说完吧！"

"和你这种人谈话真讨厌！"

如果是平常对你抱有好感、赏识你的人品的人，稍微让他感到焦躁并不碍事。不过，如果对方当时心情不佳，或发生不如意的事，就另当别论了。

（2）对方是否有急事

听对方不急不缓地说："我们慢慢谈吧！"而真放慢步调打算从长计议时，对方却突然显得坐立不安。该如何判断对方是否有急事呢？对方的心理该如何掌握才合适？

技巧是试着改变谈话的速度。譬如："我啊……其实……今天……"故意把话拉长地说，有急事者必会不耐烦地问："你到底有什么事？"

如果坐在椅子上则尽量舒坦地深坐。当对方有急事时会立即表态说："其实我今天有急事。"或急忙地想站起身来。

所以，若要探讨顾客是否有急事则故意慢条斯理地动作。譬如，拿起对方端出的茶慢慢品尝，或把茶杯拿在手上悠哉悠哉地谈话。

有急事者看见这些动作，会更为焦急而立即暴露真心。

（3）对你有排斥感吗

每个人都有其"自我空间"。与人站着交谈时自己周围的一定范围内，乃是属于自己的心理空间，与人交谈、打招呼或行礼时，都会保持一定的距离。

如果对方对你带有排斥、拒绝的心态，会稍微往后退或表现不快的脸色，女孩若对谈话对象有排斥感都会往后退一步。而男孩则会紧闭双唇，以动作来表示内心的不快，或者突然做出再见的动作主动离开。

这里所谈的心理空间也有个体差异，首先应该了解对方，平常一般保持多少距离而谈话。

另一个方法是与对方并肩而立时，故意把手搭在其肩上交谈。如果对方心存信任，又认为搭肩者的地位、能力比自己优越，平常即对其言听计从，则会暂且忍耐。如果对该人感到排斥不愿意受其命令时，会推开其靠近的手，反而渴望把自己的手搭在对方的肩上。

美国前总统里根和日本前首相中曾根康弘交谈之后，所拍下的纪念照就有这样的姿势。通过这个姿势，中曾根先生明白自己在心理上完全地受控于里根。

（4）渴望了解第三者的真心

除了要揣摩谈话对象的真心外，在谈话的过程中如何去了解身旁倾听者的真心，也有各种的技巧应用。

在宴会厅二人窃窃私语。其所谈的悄悄话其实并非二人间的秘密，而是故意做给旁边的第三者看的。这两人到底在谈些什么？不把我放在眼里！这个疑虑会令第三者感到不安。事实上，这个悄悄话本来的目的，是为了掌握在旁观察者的心理技巧。

交谈要恰到好处

交谈要恰到好处，就是说既要不亢、不卑，又要热情、谦虚、温文、恳切和富有幽默感，这样的谈吐才能给别人的印象最深刻。

不亢就是谈话时不盛气凌人，不自以为是。如果你是一个很有学识的人，也不要轻视别人，要用心倾听别人的意见。更何况"智者千虑必有一失，愚者千虑必有一得"，别人的意见不见得全不可取，而自己的意见不见得全都可取。如果你随时以高人一等的口吻或专家的姿态出现，好像处处要教训别人，这样只会引起别人反感。

当然，反过来交谈时有自卑感也是要不得的。一个对自己失却信心的人，是难以得到别人的重视和信任的。比方在谈话时，你处处都表现得畏畏缩缩，说什么都不懂，或者是"驴唇不对马嘴"，显出一副未经世面幼稚无知的品相，这也是很糟糕的。

自卑与谦虚，两者是大有分别的。谦虚在谈话中最受人欢迎，又不失自己的身份，更不等于幼稚无知。"虚怀若谷"或"不耻下问"，这就是交谈中的谦虚的态度。明白地说：就是不自大自满，碰到自己在交谈中不了解的话题，不妨请对方作简单的解释。这种做法是聪明的，因为这样既可避免误解别人的说话，又可表示对对方赏识，尊重对方，这样，自然使对方也觉得你很可爱了。

交谈时诚恳、亲切，也是很受别人重视的。如果你碰到一个油腔滑调，说话飘浮不实的人，你一定会觉得异常不快，敬而远之，甚至会从内心上引起反感。自己的心情如此，别人的心情也是一样，因此，在社交的谈话中也须警惕注意。

说者无心听者有意

说到谈话的场合，一定要注意其可能产生的后果，有时候某些人的谈话虽然没有错误，但在一定场合却会出现误解，这就要求我们随着谈话的进行，尤其要注意听者在心理和情绪上所产生的或明显或细微的变化。比如，听者已经完全了解了你的意图，或是听到一半就表现出一种不耐烦的情绪，或是谈话的环境由于第三者的闯入而发生变化等等。作为表达者应敏锐察觉并据以调整自己的表达内容和方式，以便把话说得恰到好处。

据报载，葡萄牙的环境部部长，只因不看场合说了句玩笑话而丢掉了乌纱帽。事情是这样的：葡萄牙的阿连特加地区，水中含铝超标，已经致使16个人脑受损医治无效而先后死去，医院里还有些同样的病人处于危险状态。政府决定彻底查清原因，采取防治措施。为此，环境部、卫生部的负责人、专家们和有关的医生们在米纽大学举行讨论会。会后休息时，环境部部长指着医院的几个医生对大家开玩笑说："你们知道他们和阿连特加地区最近死去的那些人有什么关系吗？他们将那些人弄到回收工厂，从那些人的肾脏中回收铝。"

这当然是说笑话，怎么可能从人体中回收铝呢？但是，在这样不幸的令人焦灼不安的时刻和场合开这样的玩笑，实在不应该。因而，这位环境部长事后声明道歉，并引咎辞职。

如果参与谈话的是特定的群体，那么这时候，也不妨针对这些群体说出一些有启发或者是有所指代性的语言，这样效果会出奇的好。例如伊丽莎白·凯蒂·斯坦顿（在纽约立法机关作的关于女权的讲话）面对的是立法院的官员们，所以就采用了一种略带讽刺意味的女人特有的口吻：

"……先生们，在共和制的美国，在十九世纪，我们作为一七七六年革命英雄的女儿，要求你们洗雪我们的冤屈——修订你们的州宪法——制定一部新的法典。请允许我们尽可能简要地提请你们注意使我们吃尽苦头的所谓法律上的无资格。"

"我们还有什么人不能代表呢？我们不能代表的只不过是一些时髦的轻浮女子，她们像蝴蝶一样，在短暂的夏日里，追逐阳光和花朵，但是秋天的凉风和冬天的白霜很快便会驱走阳光和花朵，那时，她们也将需要、也将寻求保护。到那时，将轮到她们通过别人的嘴向你们提出争取正义与平等的要求。"

由于这一讲话正好针对了立法院官员们身上的男尊女卑的思想，所以给听众的触动非常大。

说好第一句话

社会交际免不了要与一些新人打交道。初次见面的第一句话是留给对方的第一印象，这第一句话说好说坏，关系重大。说好第一句话的关键是：亲热、贴心、消除陌生感。常见的有这样三种方式：

（1）攀认式

赤壁之战中，鲁肃见诸葛亮的第一句话是："我，子瑜友也。"子瑜，就是诸葛亮的哥哥诸葛瑾，他是鲁肃的同事挚友。短短的一句话就定下了鲁肃跟诸葛亮之间的交情。其实，任何两个人，只要彼此留意，就不难发现双方有着这样或那样的"亲"、"友"关系。例如：

"你是复旦大学毕业生，我曾在复旦进修过二年。说起来，我们还是校友呢！"

"您是体育界老前辈了，我爱人可是个体育迷；您我真是'近亲'啊。"

"您来自苏州，我出生在无锡，两地近在咫尺。今天得遇同乡，令人欣慰！"

（2）敬慕式

对初次见面者表示敬重、仰慕，这是热情有礼的表现。用这种方式必须注意：要掌握分寸，恰到好处，不能乱吹捧，不说"久闻大名，如雷贯耳"一类的过头话。表示敬慕的内容应因时因地而异。

例如：

"您的大作我读过多遍，得益匪浅。想不到今天竟能在这里一睹作者风采！"

"今天是教师节，在这光辉的节日里，我能见到您这颇有名望的教师，不胜荣幸。"

"桂林山水甲天下，我很高兴能在这里见到您——尊敬的山水画家！"

（3）问候式

"您好"是向对方问候致意的常用语。如能因对象、时间的不同而使用不同的问候语，效果则更好。对德高望重的长者，宜说"您老人家好"，以示敬意；对年龄跟自己相仿者，称"老×（姓），您好"，显得亲切；对方是医生、教师，说"李医师，您好"、"王老师，您好"，有尊重意味。节日期间，说"节日好"、"新年好"，给人以祝贺节日之感；早晨说："您早"、"早上好"则比"您好"更得体。

说好第一句话，仅仅是良好的开始。要谈得有味，谈得投机，谈得融融乐乐，还有两点要引起注意。

第一，双方必须确立共同感兴趣的话题。有人以为，素昧平生，初次见面，何来共同感兴趣的话题？其实不然。生活在同一时代、同一国土，只要善于寻找，何愁没有共同语言？一位小学教师和一名泥水匠，似乎两者是话不投机的。但是，如果这个泥水匠是一位小学生的家长，那么，两者可就如何教育孩子各抒己见，交流看法，如果这个小学教师正在盖房或修房，那么，两者可就如何购买建筑材料，选择修造方案沟通信息，切磋探讨。只要双方留意、试探，就不难发现彼此有对某一问题的相同观点，某一方面共同的兴趣爱好，某一类大家关心的事情。有些人在初识者面前感到拘谨难堪，只是没有发掘共同感兴趣的话题而已。

第二，注意了解对方的现状。要使对方对你产生好感，留下不可磨灭的深刻印象，还必须通过察言观色，了解对方近期内最关心的问题，掌握其心理。例如，知道对方的子女今年高考落榜，因而举家不欢，你

50

就应劝慰、开导对方，说说"榜上无名，脚下有路"的道理，举些自学成才的实例。如果对方子女决定明年再考，而你又有自学、高考的经验，则可现身说法，谈谈高考复习需注意的地方，还可表示能提供一些较有价值的参考书。在这种场合，切忌大谈榜上有名的光荣。即使你的子女已考入名牌大学，也不宜宣扬，不能津津乐道，喜形于色，以免对方感到脸上无光。

嘴边留个"把门"的

有时在领导面前说错了话，虽不至于掉脑袋，但后果却也会很糟糕。

俗话说：伴君如伴虎。上司毕竟不像一般同事。何况一般同事之间也应该注意分寸，说话不能太无所顾忌。所以与领导相处，就更应该注意，平时说话交谈、汇报情况时，都要多加小心。特别是一些让领导不快的话，就更要注意。如：

第一，对领导说："不行吗？没关系！"这话是对领导的不尊重，缺少敬意。退一步来讲，也是说话不讲方式方法，说了不该说的话。

第二，对上级的问题回答："无所谓，都行！"这句话会让领导认为你感情冷漠，不懂礼节，对你也就自然看低了。

第三，过度客气反而会招致误解。和领导说话应该小心谨慎，顾全大体。但顾虑过多则适得其反，容易遭受误解。因此应该善于妥善处理，以平常心去应付，习惯成自然，对这类情况就可以应付自如了。如果想克服胆小怕事的心态，有时越是谨慎小心，反而更容易出错，会被上司误认为没有魄力，不值得重用。

第四，对领导说："您不清楚！"这句话就是对熟悉的朋友也会造成很大的伤害，对领导说这样的话，更加差劲。

第五，对领导说："有劳了！"这句话本来应该是上级对下级表示慰问或犒劳时说的，下级如果对上级这样说，后果似乎不太妙。

第六，不小心说错了话如何补救呢？在领导面前说错了话，一旦反应过来，要立即就此打住，马上道歉。不要因害怕而回避，应面对事实，尽量避免伤害对方的人格和面子，必要时可以再做说明，而不必要的辩解只会越描越黑。

第七，不经意地说："太晚了！"这句话的意思是嫌领导动作太慢，以至于快要误事了。在领导听来，肯定有"干吗不早点"的责备意味，你看这话能说吗？

第八，对领导说："这事不好办！"领导分配工作任务下来，而下级却说："不好办"，这样直接地让领导下不了台，一方面说明自己在推卸责任，另一方面也显得领导没远见，让领导没有面子。

第九，对领导说："您真让我感动！"其实，"感动"一词是领导对下级的用法，例如说："你们工作认真负责不怕吃苦，我很感动！"而晚辈对长辈或下级对上级用"感动"一词，就不太恰当了。尊重领导，应该说"佩服"。如："经理，我们都很佩服您的果断！"这样才算比较恰当。

先全面了解掌握情况

二次世界大战期间，美国太平洋战区司令官布莱德雷将军有次奉召执行一次危险而紧急的任务。于是，他立刻召集了手下将士，排成一个长列。

"这次我们的任务既艰巨又危险！"布莱德雷眼光瞟了大家一眼，"哪位愿意冒险担任这项任务，请向前走两步……"

此时适逢一位参谋递给他一项最新的战报，于是布莱德雷和对方交头接耳了片刻，等到他处理完战报，再面对行列中的众将士时，发现长长的队伍仍是条直线，没有一个人比旁边的人多向前两步。

他这时再也按捺不住了："养兵千日，现在情况紧急，竟然一个人都没有……"

"报告司令！"只见站在最前排的人满脸委屈地说道："我们每个人都向前跨了两步……"

布莱德雷将军意识到，自己错怪了这队勇敢的士兵。

在日常生活中，我们往往在没分清青红皂白时，就急着批评别人，等到发现伤害了人家，已为时太迟。

所以在批评别人之前，一定要先全面了解掌握情况。

保持适度的宽容和容忍

耀眼的太阳上也有黑子，吃五谷杂粮的人更不可能完美无缺，这是事实。令人遗憾的是，许多管理者总是期望他们的员工是一个完人，而且他们还花费大量时间去寻找他们的不足之处。

有一种情况确实难于处理，这就是你在多大程度上可以忍受员工的不足。你是否可以对他们的微小错误视而不见？当员工违背了你一直保持的做事标准时，你是否应当给予惩罚？你是否应当提醒员工注意他们的错误？这些问题确实令你左右为难。如果你装着视而不见，由此担心员工趁机利用这一点，并使之继续蔓延；如果你时时给予关注和处理，又担心他们视你为多事之人，把你当作一个不管员工多么努力而从不对他们表示满意的完美主义者。你应当站在员工的一边，对他人的缺点和不足表示容忍和理解，这是一个管理者的重要品质。绝不要动辄实施惩罚，或者造出一种令人可以惊恐的气氛。如果员工出现某一错误时，他们不用担心自己即将遭受处罚，那他们势必会更好地工作。员工在对管理者作出评判时，宽容型的管理者似乎更令他们接受。在许多公司里，当员工出现某一问题时，事后的调查与追究是较普遍的一种做法。实际上，对于员工的错误，最好是从中总结更多的教训而不是过于追究。如果偶尔发生下面的事情，你应该宽容处之：

- 员工某一天迟到；
- 当你认为员工应当告诉你某一事情时，他们却没有；
- 某位员工丢失了一份重要的文件；
- 某一员工向顾客提供了一个错误信息；
- 员工没有积极主动地解决某一问题；
- 员工忘记了某一事情或违反了某一规则；
- 员工不顾制度而自行其事；
- 员工做错了某一事情；
- 员工无意得罪了你。

当然，宽容也得有个限度。如果某位员工经常不断地未能满足你的标准和要求，并且最终导致很大的损失，这时，你作为管理者，应当完全介入，并且采取相应的措施。

作为管理者，你的作用就是要保证事先制定的标准得以实现，并且以一种令人接受的方式去解决那些偏离标准的行为。如果你将自己视为一个评判他人行为的法官，让自己不断评价他人，那你将会与员工逐渐疏远。你应当充当员工的一名顾问，让他们对自己的行为和结果作出令人可以接受的判断。

我们要经常评判某些行为，并且对那些以不同方式进行评判的员工给予宽容和容忍。当我们与员工一起工作时，关键是要找到你们各自价值的最大共同点。强制实施是毫不管用的。当今时代，你不可能迫使员工去改变那些令你无法角逐的东西，你只能制定一种制度和程序，让员工根据你对他们的工作需要而自我检查其价值和行为。在此过程之中，你必须保持适度的宽容和容忍。

不要轻易发火

部属做错了事不要马上对其发怒。部属做错事也是难免的，不能要求部属一点错不出，领导者要细心分析他出错的原因，要全面看待部属。只能要求部属少出错，特别在重要环节上尽可能不出错。但一旦其在工作中出现了差错，甚至造成一定后果时，领导者一定要冷静处理，千万不能火上浇油。可以想象，没有哪一个部属希望自己的工作出现纰漏。因此，一般情况下，部属做错了事，领导者应冷静处理，不要急于批评，更不要冲其发火。在这方面，有经验的领导者往往先以安慰和平息事态为主，然后再详细了解情况，总结经验教训，除非确有必要，一般不要求部属公开检查，而是全面分析，考察部属的行为。无数事实说明，部属在捅了漏子、出了差错以后，领导者越是心平气和、宽宏大量，部属则越能自觉地检查自己的过错，竭力做好弥补工作。

当部属顶撞自己时不要对其发怒。一个领导者要成功地驾驭部属，必须以德感人，以理服人，以能力和实绩取信于人。因此，当部属顶撞时，要特别冷静，要多问问自己究竟错在哪里，千万不要沉不住气，急于把部属压下去。其实，采取压服的办法，到头来只能是压而不服，真正伤感情、丢面子的还是领导者本人。

因个人私事引起情绪不好时不要对部属发怒。领导者在家也是人父、人母、人兄、人姊，也有棘手的子女问题、家庭纠纷等烦恼的事。在实际生活中，有的领导同志修养极好，不论在家中与家人发生什么矛盾，哪怕是吵得不可开交，但一进办公室仍然像往日一样，一点儿也看不出他心中的苦恼与不快。也有这样的领导同志，一旦在家中遇到不顺心的事，或与亲友、与邻居、与行人发生了摩擦，就把不快带进办公室，部属一眼就能看出其神情严峻、余怒未消，一反往日常态，这就令部属心有余悸，不得不小心翼翼地与其接触。这后一种领导者，从本质上说，是缺乏党性修养和职业道德涵养的。尤其是在把家中产生的气，发泄到与自己构成工作关系的部属身上，这本身就是一件不道德的行为，是与合格领导者的素质不相符的。

因此，每一个领导者都应端正对部属的态度，摆正自己与部属的关系。如果一有气就往部属身上出，天长日久，定会遭到部属的强烈反对，领导工作也就很难做好了。

第二节　盯住时机再开口

把握语言反击的有效性

在冲突中，我们反击的目的是调节和改善自己所处的人际关系环境，是为解决矛盾而不是扩大矛盾。这是反击有效性的重要标志。良好的口才是战胜受气的一大法宝，但良枪在手，用不好也会走火，伤人害己。因此，利用语言进行反击，必须把握反击的有效性。

掌握语言反击的度是反击有效性的决定性因素。所谓度，就是界限性。根据不受气的第一大准则，利用语言反击时，应按照自己对环境的敏锐判断，明确自己的优势和劣势，准确把握该说什么、怎样说、说到什么程度。也就是说，应根据对语言出口后可能产生的后果的准确预测，确定自己的语言界限。否则，语言不准确或不到位，则会使自己陷入被动尴尬的境地。

掌握语言反击的度，首先应具有明确的针对性，不要扩大打击面。在反击时，要抓住主要矛盾，丁就是丁，卯就是卯，而不应四面树敌，把本来可以争取的中间力量甚至朋友统统都推到与自己对立的阵营中去，使自己陷于孤立、被动地位。笔者曾在公共汽车上遇到过这样一件事情。在北京，乘坐公共汽车时，行李超过规定标准应额外买票已是众所周知，但外地人却未必了解这一规定。一位肩扛大包的外地人上车后，因购买行李票同乘务员争执起来。他似乎也挺有道理，责问乘务员道："我坐火车走了几千里都没因行李多交费，单就你这公共汽车就该多交费？啥子道理！"一句话一下子把乘务员已到了嘴边的话给噎了回去，不知如何反驳。过了半天，她似乎自言自语道："就这帮没素质的外地人把北京给搞乱了。"谁知，这趟从北京站开出的公共汽车上，乘客中三分之二是外地人。她这一句话如一石激起千层浪，乘客们纷纷质问乘务员："我们这些外地人难道都没买票？难道都不讲道理？这位老乡初来北京，是他不了解北京的规矩还是他故意蛮横无理？"这位乘务员依照规章制度认真履行工作职责本没有什么过错，开始时她完全受大家支持，但她因反击时语言的度没有把握好，才使自己一步跨入了困境当中。这是我们在进行语言反击时应吸取的教训。所以，语言反击应三思而后行，话语出口之前先掂量。否则，话语出口如覆水难收，自己会更加受气。

其次，应控制打击的力度，不要一棍子把人打死，一句话把人噎死。在大多数情况下，反击时应为对方留一点余地，掌握打击的分寸。因为大多数人都爱面子，给对方留有余地，实质上是为缓和彼此间的冲突留下了回旋的空间，也为自己留了一步台阶。否则，你把他逼进了死胡同，他别无选择只能与你对垒。结果，双方剑拔弩张，到头来两败俱伤，还是没有改变你受气的境地。这并不是我们反击的目的。然而，在生活中许多人并不能深刻理解这一道理，似乎反击得越狠越好，实际并非如此。所以说，语言反击是一门斗争艺术。

阿伟暗恋上了佳佳，但佳佳心有他属，并不为他所动。终于到了佳

57

佳的生日了，阿伟决定在生日 party 上"火"一把。在摇曳的生日烛光里，阿伟动情地唱起了"爱，爱，爱不完……"佳佳感觉阿伟在大庭广众之中令自己很难堪，但她只淡淡笑了笑，以舒缓的语调说："看不出阿伟平时不声不响，原来歌喉如此优美。我们该为将来那位有幸拥有他深情歌声的小姐祝福。"一句话，似是赞美，又似表白，于无声处给了阿伟当头一棒。但不知情者不会有任何觉察。既给阿伟留足了面子，又使自己轻松战胜了受气。

以上这两个方面，可概括为一句话：只有把握语言反击的广度和深度，才能保证语言反击的力度，有效地达到反击的目的，使自己避免受气。

运用口才进行反击的六大技巧

在现实生活中，受气的情形各种各样，因此在反击时一定要注意机动灵活，对症下药。根据不受气的四大准则，针对语言反击的特点，可归纳出六大技巧。

1. 针锋相对，主动突围

有时候，我们会遇到一些得理不让人的人。你忍耐，给他留面子，他不会懂得，也不会领情，反而会变本加厉，得寸进尺。对这种人，只能采取"堵"的方法，进行积极反击。

有些人一看到"针锋相对"就会想到双方指着鼻子对骂的那种类似于斗鸡的情形。其实，这是口才反击的下下策。他不仁，你也不义，在对骂中对方撕破了脸皮，你也不过半斤八两。这种方式实不可取。上上策应以"骤然临之而不惊，无故加之而不怒"的气概，抓住对方的逻辑错误，在心平气和中显示你的千钧之力，令对方无地自容。可见，语言反击的分量不在于个别具有杀伤力的词汇，更不在于浊词污语，关键在于运用逻辑推理，以理反击。

以牙还牙，是一种常用的反击形式。即运用与对方平行的逻辑推理，达到否定对方的目的，使自己摆脱受气。的境地这种形式，带有明显的"斗"的意味，主要反映人的勇气和机智。

辜鸿铭在留学英国时，生活的孤独压迫着他，常有独在异乡为异客的思乡情感。每逢传统的中国节日，他总要按照古老的中国习俗，设下供桌，摆上丰盛的酒菜，遥祭祖先，寄托自己的思乡思国之情。有一次，房东太太看到辜鸿铭跪在桌前，叩头如仪，不无蔑视地问："喂，小伙子，你这样认真地叩头，你的祖先会到这里来享用这些酒菜么?"辜鸿铭的心大受刺激，一股怒气冒将上来，自尊心使他的刻薄和幽默同时爆发，他彬彬有礼地答道："想来，你们到处给你们祖先奉上鲜花，你的祖先该嗅到了鲜花的芳香了吧!"在平静之中显示着浓烈的火药味，你打了我的左脸，我也不会饶过你的右脸，但话语中分明包含着这样的意思：这是不同民族的不同习俗。如果我的方式错了，你的也不会是正确的。

以谬治谬，让对方搧自己一记耳光。这是一种语言反击的高明方法。其高明之处就在于，抓住对方话语中的漏洞，利用他的逻辑，推导出令其自我否定的结论。此之谓以子之矛，攻子之盾。

在生活中，常常会遇到蛮不讲理的人。面对他荒谬的逻辑，你根本无理可讲。在这种情况下，许多人往往一怒之下，大骂其无赖。而对方则会铿锵有力地讲出串串歪理，令你无言以对。在这种情况下，应冷静地分析其理论的荒谬之处，将错就错地展开推理。这种方法之所以能在对话中取得明显的效果和成功，首先在于对话者能抓住对方谈吐中的语言错漏或荒谬之处，接着能巧妙地运用类比推理的方式设喻、设例，去迎击对方，让对方哑口无言。如我国老掉牙的民间故事"公鸡下蛋"与"男人生儿"的巧对就是以谬治谬的一个典型例子。

有位县太爷想刁难一位憨厚的农夫。他诬陷农夫伙同乡里百姓借口天旱年成歉收，抗拒缴纳租税，定农夫抗交皇粮的罪名。农夫被毒打一顿之后，县太爷限他三天之内交出两个"公鸡蛋"，否则就被处以死刑。农夫不知所措，但其妻聪明机智。三天后，农夫的妻子代丈夫来到公堂回话。县太爷劈头怒喝："你家丈夫为何不亲自来面见？这分明是目无本县！"农夫的妻子平静地答道："回县太爷的话，我家丈夫不敢抗拒县太爷之命。只是他正在家中生孩子，实在脱不开身，才叫民妇代其前来的。"县太爷此时早已忘了自己要"公鸡蛋"的荒唐逻辑，怒喝道："什么？你家男人也会生孩子？真是天大的笑话！大胆贱妇，竟敢愚弄本官！来人呀，给我打！"农妇听罢却胸脯一挺，面无惧色，勇敢地说道："且慢！大人，既然男人生孩子是天大的笑话，那公鸡生蛋不也是天大的笑话吗？县太爷要贱民交出公鸡蛋，岂不也是在愚弄百姓吗？"荒唐苛刻的县太爷被驳得哑口无言。

可见，以谬治谬的关键是抓住对方的荒谬、错漏之处，以其自身的逻辑使对方陷入进退不得的两难境地，以其人之道还治其人之身。这种语言反击方式的有效性在于一语击中要害，反击有力，让对方既无招架之功，又无还嘴之力，从而使自己避免受气。

在生活中，有时由于场合、身份等条件的限制，以谬治谬的反击不能像这位农妇这样简捷，针锋相对在语言交流中不这么直接。而是要顺水推舟，顺藤摸瓜，经过有目的、有计划地层层诱导，才能使对方在不知不觉中入彀，使对方自己否定自己的观点。但无论是直截了当地反击，还是诱导对方自己否定自己，都要抓住对方的要害，步步进逼，语出有力，以理服人。

以谬治谬，以其人之道还治其人之身，应遵循我们的第一大定律：按照事物本身的游戏规则进行反击。任何事物都有其自身的逻辑，高明的反击者不会无理取闹或情绪用事，而是将对方的逻辑为我所用。这样，既遵从了事物自身的特定游戏规则，又有条有理地达到了反击的目的，使对方心怒却不能言。这正是语言反击的效力所在。针锋相对地进行积极反击，应注意言辞力度，做到掷地有声，该出手时则出手，不可词软语绵；罗嗦半天不得要领。

2. 以妙语暗示自己的实力

根据不受气的第二大准则，实力是一个人借以树立自己不好惹的形象，克服受气的关键。有时候，实力明明白白地摆在明处，别人自然不敢造次。但有些时候，实力在暗处，不为人注意，易被施气。在现代社交中，人们更多地是追求文明，语言反击不宜激烈，更不可满口粗话，动不动来上一句"你爷爷也不是吃素的"。既要做到让对方明白自己看错了人，又要点到为止，能使对方保留面子，能恰到好处地使自己克服受气，又能避免事态进一步扩大和恶化。这就需要把话说到妙处，于不动声色中显示自己的实力，以之压倒对方。

绵里藏针，是暗示自己实力的一种有效方法。其特点是含而不露。在反击中，语调平和，言辞委婉得体，既予对方以尊重，不伤害对方的情感和体面，又巧妙地暗示自己也不是好惹的。一般情况下，对方会知趣地就此打住，顺着你留的台阶下去，彼此相安无事。有位经理，本性好色。一日，见一位公关小姐姿色美艳，便一味令人肉麻地恭维道："小姐，你是我遇见过的最漂亮的女孩子。真是令人神魂颠倒，永远也忘不了！今晚下班后我请客，不知小姐可否赏光？"公关小姐虽然厌烦至极，但职业的本能使她必须有所克制。于是，她彬彬有礼地答道："这位先生，非常抱歉。下班后我必须去武校同一位真正永远也忘不了我的人约会。""你是说你的男朋友？在武校？"经理半信半疑地问。"是的。我们是武校时的同学。"这下可令这位经理目瞪口呆了。他怎么也想不到面前这位身材匀称的姑娘身怀武功，这就已够他应付的了，更何况还有一位武校的男朋友。公关小姐见状，意味深长地笑起来：

"他可是个醋坛子。这事我可不敢含糊。"连她都不敢含糊，这位武功门外汉又哪能惹得起？这位心存非分之想的经理只得干笑着退开了。这位小姐没有横眉冷对，也没有出言不逊，而是于淡淡的话语中暗示了自己的实力，使原本轻视她的经理顿时望而生畏。

这种绵里藏针的反击方法，柔中见刚，以柔克刚。既巧妙地使自己摆脱受气的境地，又无损于对方的体面，以自己良好的修养显示了内在的威慑力。但运用此种方法时必须态度鲜明，不要吞吞吐吐，粘粘糊糊，拐弯抹角，以致辞不达意，给对方造成半推半就的误会。

3. 巧用幽默

幽默可以使人在受气时，以轻松诙谐的方式，理智地回击对方。人们在受气时往往头脑发热失去冷静，反击方式往往也是硬梆梆的出言不逊，结果使僵局更僵。幽默则可以使人在处境困扰中放松自己，以巧妙的语言体面地予对方以反击，收到既缓和气氛又恰如其分地反击的双重效果。

调皮式的幽默，往往化干戈为玉帛，使事态向良好的方向发展。这种反击方式，不是针锋相对，剑拔弩张，而是轻松谐趣，话语中透着善良、真诚和理解。言语心传，双方会意，在哈哈一笑中皆大欢喜。反击变成了逗笑，唇枪舌剑之争就巧妙躲过。因此，幽默是一种与人为善的积极反击方式。

冬季的北京寒气袭人，各家商店门口都挂着厚重的棉帘子。由于进出者一里一外，相互看不见，如果两人同时掀棉帘子，相撞之事自然在所难免。一天，一位小伙子正掀棉帘子准备进去，恰好里面一位小姐也在掀棉帘子准备出来，同时迈出了脚。姑娘一脚踩在小伙子鞋上，冷不防打了个趔趄，不禁哎哟惊叫一声。小伙子忙伸手扶住并说了一声对不起，让开了道，让小姐先出来。小姐出门后，看了小伙子一眼，说："你是怎么走路的！"咄咄逼人的责问令小伙子一时语塞。在门口踩脚本来双方都有责任，自己已友好地道歉了姑娘还不放过，小伙子也有些急了。但他转念一想，人家是斯斯文文的小姐，踩了大小伙子的脚已有些不好意思，何况又在众目睽睽中被他扶住，更是不好意思。只是姑娘因自己的失态心中恼火，便不经意地把气撒到了这位"肇事者"身上。如此一想，顿时怒气全消，笑着说道："对不起，我是用脚走路的。刚才吓着您了。"小姐一愣，随即扑哧一笑，"你这个人说话真逗，这不能怪你，主要是我没看见，脚也伸得快了一点，对不起踩了你。"小伙子对姑娘的反击，完全是友好的。人用脚走路是正常的，怎么会吓着别人？小伙子以自己的幽默，巧妙地告诉小姐，是我的脚害了你，暗示自己对她的理解和尊重。姑娘由责问到道歉，一场口舌之争得以避免，全靠了小伙子善意的幽默。

先承后转，在自我打趣中暗藏机锋，令对方猝不及防。这种方法往往用于一些不适宜顶撞的场合或人。有时候，我们会置身于一种这样的尴尬境地：对方有意或无意地伤害了你，但对方是一位领导，你虽然受了气面子上还得过的去。或者，碍于你的身份、地位，不宜直截了当地予以驳斥，但心中的确又非常不满。这时，不妨先以漫不经心、自我解嘲的口吻说几句顺着对方思路的话。最后话锋一转，得出一个令对方大出意外的结论。既活跃了气氛，又解除了尴尬。这种方式，一波三折，很有攻击力量，让对方措手不及，又不失自己或对方的面子。对方最后只能干笑两声了之。

肖伯纳的著名剧作《武器与人》初次演出，大获成功。应观众的热烈要求，肖伯纳来到台前谢幕。此时，却从楼座里冒出一声高喊："糟透了！"整个剧场立刻变得鸦雀无声，空气似乎凝固了一般。面对这种无礼的行为和紧张的局面，肖伯纳微笑着对那人鞠了一躬，彬彬有礼地说道："我的朋友，我同意你的意见。"他耸了耸肩，看了看刚才正热烈喝彩的其他观众说："但是，我们俩反对那么多观众又有什么用呢?"顿时,观众中爆发出了更为热烈的掌声和喝彩声。在这种情况下,对对方无礼的行为予以必要的回击,既是维护自己体面和尊严的需要,也是讽刺对方、批判错误的正当行为。但怒气冲冲地回击和辩论都不可取,最理想的方法是幽默地回敬。肖伯纳的话语,温文尔雅,表面看来似乎是对对方表示理解。细细体味一下,则是一种强有力的反击。

总之,幽默作为化解受气的积极反击方式,其根本特征就是具有准确的行为界限。它的有效性就在于能够根据周围环境,预测自己的行为后果,据此确定自己反击的方式和反击的分寸,有礼、有节。

4. 弹出弦外之音,让对方领悟到自己的潜台词

这是一种比幽默更微妙的反击方式。反击者好像并不是针对对方的言行,而是在谈与之全然无关的另一件事情。但若他细分析一下,就会明白这两件事具有很大的相似性。说话者旨在用类比的方式,委婉地向对方传达自己的观点,巧妙地否定对方的看法。这种情况下,双方的指向彼此都心照不宣,言者有意,听者亦有心。这种反击方式委婉、得体,潜台词不言而喻。

弹出弦外之音的反击方法,通常是鉴于对方某种特殊的身份或权威,不可明显地表示出任何直接的反击,而采取的一种迂回战术。1937年10月11日,罗斯福总统的私人顾问萨克斯受爱因斯坦等科学家的委托,约见了罗斯福,要求总统重视原子能的研究,抢在德国之前制造出原子弹。但任凭他谈得口干舌燥,罗斯福还是听不懂那些枯燥的科学论述,只是淡淡地说:"这些都很有趣,不过政府若在现阶段干预此事,似乎还为时过早。"以十分冷淡的态度回绝了萨克斯的一腔热情,萨克斯心中肯定又着急,又有些生气。但罗斯福是一位颇具威信的总统,他决定的事,萨克斯作为下属不能硬顶,也顶不住。事后,罗斯福为表歉意,邀请萨克斯共进早餐。萨克斯决定利用这个难得的好机会,说服罗斯福采纳爱因斯坦等科学家们这一对美国生命攸关的建议,研制原子

弹。为此,他在公园里徘徊了一夜。第二天一早,萨克斯刚落座,罗斯福就直言不讳地告诫他,不准谈原子弹的事。博学多智的萨克斯灵机一动,罗斯福虽不懂物理学,对历史肯定感兴趣。"我想谈一点历史,"他的攻势就此开始,"英法战争期间,拿破仑在陆战中一往无前,海战却不尽人意。一天,轮船的发明者——美国人富尔敦来到了拿破仑面前,建议他把法国战舰的桅杆砍断,装上蒸汽机,把木板换成钢板。他向拿破仑保证,法国舰队肯定所向无敌。拿破仑却认为,船没有风帆不能航行,木板换成钢板必然会沉。他认为富尔敦肯定疯了,将其赶了出去。历史学家在评述这段历史时认为,如果拿破仑采取富尔敦的建议,十九世纪的历史将重写。"罗斯福的脸色变得十分严肃,沉默了几分钟,然后斟满一杯酒,递给萨克斯说:"你赢了!"

萨克斯虽然不直接谈研制原子弹,但在他的类比中表明罗斯福与拿破仑有着极为相似的共同特点:都是战争期间,都不懂物理,都面临着对一项与战争中自己军队命运攸关的新技术的选择。其用意也不言而喻:是像拿破仑那样,将新技术拒之门外而自取失败,还是与之相反?通过这一与当前形势极为类似的历史事实,使不懂物理学的罗斯福很容易地理解了研制原子弹的重要性,终于采纳了爱因斯坦等科学家的建议。

运用这种方法反击,说话前必须经过周密的考虑,确定严格的行为界限。说话时目的明确,看似东拉西扯,实则胸中有丘壑。此外,要注意事件的相似性,以此启发对方。切忌漫无边际,或毫无联系地夸夸其谈。

5. 转移话题,顾左右而言他

在交往中,有时对方的话语或问题会使人处在一种进退维谷的尴尬境地。要使自己从这种紧张、尴尬的氛围中解脱出来,可以对所提问题避而不答,选择与当前话题无关的问题,把对方的注意力引向别的方向。

　　转移话题本是一件挺容易的事情，把话头给引开不就完事大吉了吗？但要真正做到不露斧凿之痕，自然过渡到别的话题上去也并非易事，这需要机动灵活的应变技巧。否则，则会给人造成"装聋作哑"的不良印象。

　　一天早晨，上班的人们陆续来到了办公室。大家进门一看，不禁愣住了：老张的桌子上，东西横七竖八地乱堆着，两个抽屉被撬开了，一千元现金不知去向。正当大家议论纷纷之际，办公室的"活宝"小王来了。他装模作样地把办公室和每个人的脸打量一番，煞有介事地盯着老张说："这贼也真行！这么多办公桌不撬，单撬有钱的你这桌子，肯定是对咱办公室的情况十分熟悉的人干的。老张啊，你儿子大学没考上，隔三差五地往咱这里跑，你们父子俩是不是里外串通，使咱这一千元公款不翼而飞？"小王平日里和老张开玩笑开得惯了，这大伙都清楚。但在这样的场合，大家还是不约而同地把目光投向老张。丢了公款，老张本来就心中窝火，听了这不知轻重的玩笑，更火冒三丈。但他马上镇静下来，不慌不忙地说："按道理说这种可能性也存在。不过我儿子上星期就到上海他姥姥家去了，咱们昨天又在郊区宾馆玩了个通宵。这次应该说我们父子俩没得到机会。现在咱们还是协助公安部门调查一下经常到我们办公室来，对情况非常了解的人吧。"紧张的气氛一下子活跃起来，大家又开始讨论谁最具有作案的可能。

　　老张把话题转移得自然、流畅，让人看不到任何硬扭的痕迹。人们只听到其"言它"，而没注意到他是如何"顾左右"，巧妙地把话题引开的。

　　6. 此时无声胜有声，适当的沉默也奏效

　　沉默是一种特殊的语言，具有其独特的使用价值，在社交活动中，在某些情况下，恰到好处的沉默比口若悬河更有效。这就是人们常说的

"雄辩是银，沉默是金"。只要我们因时因地适当把握、运用它，沉默也能成为一种有效的表达方式，其效果有时甚至会超过直言抢白，具有特殊的威力。

适度的沉默是一种积极的忍让，旨在息事宁人。在人际交往中，各人的生活阅历、学识水平、社会地位各异，观察问题的角度和思维方式不同，见解必然迥异。然而，在一些无关紧要的问题上的细小分歧，三缄其口，洗耳恭听，颔首微笑也是一种有效的处理方法。否则，各执己见僵持不下，互不相让，只能令双方都不愉快。此时，若采取积极忍让态度，保持适度的沉默，撤出争论，表现出自己的宽广胸怀，则有利于促使对方冷静下来，缓和、化解矛盾，避免事态激化。有效地使自己避免、摆脱受气境地，这对对付一个特别矫情的对手来说更应如此。

老王和小张是处里的正副职。老王为人稳重，小张年轻气盛，好胜心强，常常为处里一些鸡毛蒜皮的小事同老王较劲。两位领导若在办公室里当着下属的面争论不休，甚至大吵大嚷，既伤了彼此间的同事情分，又在下属面前丢面子，显然不妥当。老王对此采取了一种偃旗息鼓，洗耳恭听的策略，不与小张对垒。当两人之间发生分歧时，老王先说明情况表明态度，转而保持沉默。任凭小张言辞多激烈，也不与她强辩，不反击。小张肝火再旺，见此情景，也不好意思再强辩下去，渐渐冷静下来，进而心平气和地发表意见，甚至还做些自我批评。因此，两人虽性格截然相反，但工作配合得很默契，关系也算融洽。老王的沉默是理智的，其动机在于顾全大局，吃亏让人，避免无谓的争论。

轻蔑性沉默是对付无理挑衅的有效反击武器。当对方出于不良动机，对你进行恶意攻击、造谣诽谤或无理取闹时，如果你予以驳斥反击，可是又同他无理可讲，反会使周围的人难以分清是非，反倒有损于你自己的形象和声誉。这时，你无需争辩，只需以不屑一顾的神情，嗤之以鼻。这种轻蔑性沉默会比语言驳斥更有效。

小朱和小吴是同班同学，学习都很出色。但小朱为人热情，性格活泼，关心班集体，因此在同学中有很高的威信，在班上第一个入党。小吴却只关心自己的学习，同学和集体利益则漠不关心。但他认识不到自己的问题，反而公开对小朱造谣中伤，在公开场合含沙射影地说："哼，啥叫入党！还不是靠送礼、请客、拉关系！这样的党员，是败家子！谁稀罕？"小朱明知他是在无事生非地找茬骂自己，不免怒火顿起，但和这样胡搅蛮缠的人争吵，又会有什么结果？还不是自己白白挨骂！不知情者说不定还会对他的话信以为真。于是，他强压怒气，对小吴轻蔑地冷笑一声，瞟了他一眼，转身而去。小朱的轻蔑性沉默，在当时这种情况下，比语言批驳显得更有力、得体，更能使周围的人洞察其中原委。

当然，沉默的方式和内涵多种多样，但总的来看，日常交际中，最常用的主要是这两种。在受气时，要做到沉默不语，积极忍让，并非易事。这首先需要宽广的胸怀和准确把握自己行为界限的能力。正如培根所言："假如一个人具有深刻的洞察力，随时能够判断什么事应当公开做，什么事应当秘密做，什么事应当若明若暗地做，而且深刻地了解了这一切的分寸和界限——那么这种人我们认为他是掌握了沉默的智慧的。"

反驳的艺术

当你想要驳倒对方时，除了必须理由充分，还要靠说话的技巧。你要悉心静听对方的说话，摘出他话中的要点与漏洞，如果对方不曾说完，无论如何不要插嘴，面部表情，也不要露出什么地方不对，什么地方赞同的表示，等他说完，有时还需问他一句，还有其他的意思吗？言多必失，让他畅所欲言，正是找寻反驳点的好机会。

你开始反驳时，态度必须从容，说话必须稳当，先把他的话总括抠要地提出，问他是否是这些意思，再从他对的方面，表示适当的赞同，使他高兴。说到后来，用"但是"两字一转，逐层反驳，把轻的放在前面，重的留在后面，越说越紧，越说越硬，直使他无法置辩。如果你要教训他几句，更要留在最后，看见他的面部表情已有感悟的表示，才好开始说教训的话。说教训的话，态度必须诚挚才显出你的善意，千万不要有斥责或讥笑的意思，免得他恼羞成怒，引起新的纷争，因为反驳者虽恃理由与技巧使他折服，但也必须动以感情使他心悦诚服。理由越是充分，反击越是强烈，语气就越要婉转。中间有时还要替他设身处地，代为表达苦衷与用意，然后随即加以反击，使他知道错误。有时还不妨态度激昂，接着又须和悦，春风与雷霆，相互间用，充分表示你的立场的公正，表示你的凛然难犯，表示你的富于同情。就全部反驳过程而论，都是欲抑先扬，但不要扬得过分，否则反使你的抑失去了力量，也不要抑得过分，这会使你的扬引不起他感悟，废话是绝对要避免的，但是巧譬善喻绝不是废话，譬得越巧喻得越善，越能激起他的同悟。

反驳完毕，你虽取得胜利，态度仍须谦让，使他不觉得是失败，更须丢开正文，随便谈谈，总要有说有笑，把反驳时严肃的空气尽力冲淡。争辩是一回事，交谊是一回事，争辩只限于一个事项，不要牵涉到交谊，如果彼此都是代表人身份，随时要把代表人的本身分开，不要产生有直接人身攻击的嫌疑。万一对方盛怒之下，对你作人身攻击，你必须用和气的态度向他说明你是代表人，不是当事人。经过多方的解释必可减少误会，即使对方出口辱骂，你也要大度包涵，付之一笑。

至于没有利害关系的辩论，有的是维护各人的主张，有的则是比赛彼此的口才。为维护主张而反驳，多少要承认对方若干的论点，反驳的语气，有时可用补正的方式，不必完全以攻击的态度，倘若是在会议上，只要争取多数人的同情，促使各方面的响应，让各方面群起而攻击，造成他四面楚歌的局面，就可以不必单枪匹马和他相辩。这种四面合围，不但力量雄厚，声势壮大，而且你也可以不必费极大的气力。

至于比赛辩论技术，原只是游战性质，不要过分认真，倘使对方假戏真做，你便乘机退出，表示讲和。有人不能明白这一点，往往因薄物细故，极力争辩，弄得双方面红耳赤，不欢而散，其实这又何苦呢？

交谈时要留神

说话之难在于无法修改，一言既出，驷马难追。它不像写文章一样，可增删改动，可仔细思考。话一说出口，几乎就没有收回的余地。

何况，社交对象形形色色，交谈之前宜先打个腹稿，理出主题，免得临时口不择言或摸不着重点。说话时两眼当然要注视对方，表示很有兴趣的样子，并随时注意对方的反应，以调整自己的话题。如发现对方有不想听下去的表情，或不时瞄一眼手表，你就该长话短说，尽快结束谈话。如果他表情疑虑，你就该多加解释。如果他很感兴趣，你不妨加以发挥。如果他想插嘴，你就让他发表意见。总而言之，与人交谈必须懂得察颜观色，以免误会。

表明态度时，也要有个分寸，譬如认为是对的，就回他一声很好；觉得不对，就表示此一问题很难说，各有各的立场；可以办到的，不妨回答我去试试，成功与否不敢保证；办不到的，就直说此事太困难，恐无多大希望……总之，在交谈中要留余地，以免事后进退两难。

事实上，交谈是应该受到一点限制的，因为交谈本来即受三方面局限：一是人，二是时，三是地。非其人不必说；非其时，虽得其人，也不必说；得其人，得其时，而非其地，仍是不必说。非其人，说三分真话已嫌太多；得其人，而非其时，恰好说三分话，正给他一个暗示，看看他反应如何；得其人，得其时，而非其地，正可引起他的注意，如有必要，不妨择地另作长谈，这才叫作通达世故。

举个例说，有时碰到喜欢刺探别人隐私的人，他会迂回进攻，在交谈当中插入一些主要的问句，希望你暴露真情，你如果不愿意告诉他，应该特别留神，顾左右而言他，或者干脆说"无可奉告"，以阻止他不断的烦扰。

此外，宿醉未醒，或是盛怒之后，都不宜交谈。因为此时心绪不宁，最易"祸从口出"。

如何选择说话的最佳时机

聪明的小孩子往往懂得在大人高兴的时候提出自己的要求，而且，这时他们的要求多半会被满足。家长们在心情比较好的时候，为了不破坏气氛，往往会比平时更加宽容大度。

在上下级相处的过程中，也存在着同样的情况。自然，下属并不是小孩子，不存在着对领导的人身依附关系。但是，他们之间的权力从属关系却是毫无疑问的，下属要取得的每一分利益都需要有领导的首肯。在中国这种文化传统下，事实上，每个领导都有一种"家长"倾向，都有恩威并举的心理，那么我们就不妨因势利导，巧妙地加以利用，在领导春风得意之时，或提要求，或进谏语，必能收到意想不到的良好效果。

史载，有一次唐太宗意兴舒坦，心情十分高兴，便笑着问大臣魏征："你看近来政治怎么样？"魏征觉得这是一个进谏的好机会，马上回答说："贞观初年，您主动地引导人们进谏；过了三年，遇到有人进谏，还能愉快地接受；这一二年来，勉勉强强接受一些意见，可是心里总觉得不舒服。"

太宗听后有些吃惊，问道："你这样讲有什么根据吗？"魏征于是便举出三件事来加以佐证，这三件事反映的是唐太宗在魏征所说的三个时期内对人的三种不同的态度。唐太宗于是明白了，说道："若不是您，不能说这样的话。一个人苦于自己不知道自己啊！"于是，更加虚心地听取臣下的意见了。由此可见给领导提建议，有很重要的一个学问，那就是一定要注意时机和场合，以便使领导更能用心领会你的意见，并不会导致对你的反感。例如在娱乐活动中，一般领导的心情比较好，这时候提出建议会使领导更容易接受。特别是如果你能把所提的建议同当时的情景联系起来，通过暗示、类比等心理活动的作用，则会对领导有更大的启发。还有些比较成功的下属善于接住领导的话茬儿，上承下转，借题发挥，巧妙地加以应用，从而很好地触动了领导，使许多悬而未决的问题得到了解决。

过去有一个单位刚购置了一批计算机及相关设备，并准备修建一个机房。但在机房安置空调机一事上，领导却不肯批准，认为单位的同志们都在没有空调的情况下办公，不宜单独对机房破例。虽然有关同志据理力争，说明安装空调是出于机器保养而非个人享受的需要，但仍不能打破领导的老脑筋，说服领导。

后来，单位的领导与同志们一起出去旅游、参观。在一个文物展览会上，领导发现一些文物有了毁坏和破损，就询问解说员。解说员解释说，这是由于文物保护部门缺乏足够的经费，不能够使文物保存在一种恒温状况下所致，如果有一定的制冷设备，如空调，这些文物可能会保存的更加完善。领导听后，不禁有些感慨。此时，站在一旁的机房负责人乘机对领导低语："其实，机房里装空调也是这个道理呀！"

领导看他一眼，沉思片刻，然后说："回去再打个报告上来"。很快，这位领导就批准了机房的要求，为他们装上了空调设备。

妙语反击无理的行为

在人际交往中，人们总难免碰到一些无理的语言。你对某人的不良或错误行为进行直接责备，他却反过来与你顶撞。如在一外国球场里，一个大学生的视线完全被前面一位年轻妇女的帽子挡住了，于是他对她说：

"请您摘下帽子。"可妇女连头也不回。"请您摘下帽子。"大学生气冲冲地重复一遍。"为了这个位子，我破费了 15 个卢布，却什么也看不见！"

"为了这顶帽子，我破费了 115 个卢布。我要让所有的人都看它。"年轻的妇女说完，一动也不动的坐着。她违反公共道德，却反而振振有词地反驳大学生的正常干预。

年轻的朋友们，碰到这种无理行为，你怎么办？许多人常常大发一通怒火，大骂一顿无赖，可到头来，对方还是振振有词，条条有道，"理由"充足得很。你自己倒气得手脚发颤，只会说："岂有此理，岂有此理。"

那么，应该怎样说话，才能反击这种无理的行为，使得对方觉得理屈词穷、无言以对呢？有四点值得注意。

（1）情绪平和

遇到无理的行为，首先要做到的就是不要激动，要控制情绪。这个时候的心境平和，对反击对方有重要作用：一是表现自己的涵养与气量，以"骤然临之而不惊，无故加之而不怒"的大丈夫气概在气质上镇住对方，如一下子就犯颜动怒，变脸作色，这不是勇敢的行为。古人曰："匹夫见辱，拔剑而起，挺身而斗，此不足为勇也。"对方对此不但不会惧怕，反而会对你的失态感到得意。二是能够冷静地考虑对策，只有平静情绪，才能从容选出最佳对策，否则人都弄糊涂了，就可能做出莽撞之举来，更不要说什么最佳对策了。

（2）反击有力

对无理行为进行语言反击，不能说了半天，不得要领，或词软话绵。而要做到打击点要准，一下子击中要害；反击力量要猛，一下子就使对方哑口无言。

有一个常愚弄他人而自得的人，名叫汤姆。这天早晨，他正在门口吃着面包，忽然看见杰克逊大爷骑着毛驴哼哼呀呀地走了过来。于是，他就喊道："喂，吃块面包吧。"大爷连忙从驴背上跳下来，说："谢谢您的好意。我已经吃过早饭了。"汤姆一本正经地说："我没问你呀，我问的是毛驴。"说完得意地一笑。

大爷以礼相待，却反遭一顿侮辱。是可忍，孰不可忍！他非常气愤，可是又难以责骂这个无赖。无赖会说："我和毛驴说话，谁叫你插嘴来着？"于是大爷抓住汤姆语言的破绽，进行狠狠的反击。他猛然地转过身子，照准毛驴脸上"啪、啪"就是两巴掌，骂道："出门时我问你城里有没有朋友，你斩钉截铁地说没有。没有朋友为什么人家会请你吃面包呢？""叭叭"，对准驴屁股，又是两鞭子，说："看你以后还敢不敢胡说。"说完，翻身上驴，扬长而去。大爷的反击力相当强。既然你以你和驴说话的假设来侮辱我，我就姑且承认你的假设，借教训毛驴，来嘲弄你自己建立和毛驴的"朋友"关系。给这个人一顿教训。

（3）含蓄地讽刺

对无理行为进行反击，可直言相告，但有时不宜锋芒毕露，露则太刚，刚则易折。有时，旁敲侧击，绵里藏针，反而更见力量，它使对方无辫子可抓，只得自己种的苦果往肚里吞，在心中暗暗叫苦，就像苏格兰诗人彭斯那样。

74

有一天，彭斯在泰晤士河畔见到一个富翁被人从河里救起。富翁给了那个冒着生命危险救他的人一块钱作为报酬。围观的路人都为这种无耻行径所激怒，要把富翁再投到河里去。彭斯上前阻止道："放了他吧，他自己很了解他生命的价值。"

（4）巧妙借用

对无理的行为进行语言反击，是正义的语言与无理的语言的对抗。所以，反击的语言一定要与对方的语言表现出某种关联，正是在这种关联中，才会充分表现出自己的机智与力量。要做到双方语言的巧妙关联方法有三：

第一，顺其言，反其意。这种方法的效果在于使人感到那个无理的人是引火烧身，搬起石头砸自己的脚。例如德国大诗人海涅是个犹太人，常遭到一些无耻之徒的攻击。在一个晚会上，一个人对他说："我发现了一个小岛，这个小岛上竟然没有犹太人和驴子！"海涅白了他一眼，不动声色地说："看来，只有你我一起去那个岛上，才会弥补这个缺陷。"

"驴子"在南方语言中，常常是"傻瓜，笨蛋"的代词。面对是犹太人的海涅，将"犹太人与驴"并称，无疑是侮辱人，可海涅没有对他大骂，甚至对这种说法也没有表示异议，相反，他把这种并称，换上"你我"，这样就一下子把"你"与"驴"相等了。

第二，结构相仿，意义相对。这种方法是在双方语言的相仿与相对中，表现出极其鲜明的对抗性。如丹麦著名童话作家安徒生一生简朴，常常戴顶破旧的帽子在街上行走。有个不怀好意的人嘲笑道："脑袋上面的那个玩艺是个什么东西，能算是顶帽子吗？"安徒生回敬道："你帽子下面那玩艺是个什么东西，能算是个脑袋吗？"安徒生的话语和对方的话语结构、语词都相仿，只是几个关键词的位置颠倒了一下，显得对立色彩格外鲜明。

第三，佯装进入，大智若愚。即假装没识破对方的圈套，照直钻进去。这种方法的效果是显出自己完全不在乎对方的那种小伎俩。

例如：一个嫉妒的人写了一封讥刺信给美国著名作家海明威，信上说："我知道你现在是一字千金，现在附上一美元，请你寄个样品来看看。"海明威收下钱，回答一个字——"谢!"海明威完全识破对方的刁难、侮辱人的行为，但他根本不将此放在眼里，他就照他人的刁难要求办，结果也真搞得那人反而难下台。

选择好问话的方式

生活中的问话有三种机能：释疑、启发及打破谈话的僵局。

问话要讲究技巧。高明的问话不但使你能达到目的，而且被问的一方也不会感到过分难堪。下面是几种常见的问话形式和方法。

一、直接型提问

提问，需要考虑环境及时机。提问者要根据不同的环境和时间用不同的提问方式，有时需要委婉，有时需要直露。直接型提问则属后者。当我们需要对方毫不含糊地做出明确答复时，直接型提问是一种较理想的方式。一般说来，生活中常见于父母对孩子的责问，上级对下级工作的询问。如果交谈者双方关系比较密切而所提问题又不会引起不愉快的后果时，也可以采用这种方式。

直接型提问直来直去，速战速决，节省时间。但一定要注意场合和时机，否则就会事与愿违。

二、诱导型提问

直截了当地提问，是要求直接求得答案。但也有一种情况，答者出于知识水平或因与个人利益有利害关系，不急于直答。这时你可以采用诱导型的提问方式。这种发问不是为自己答疑而问，而是为了紧紧吸引对方思考自己的论题，诱导对方接受自己的观点，故意向对方提问。它具有扣人心弦，诱敌深入，以柔制刚，扼喉抚背的效果。

这一问法还可以运用在推销上。一位心理学家调查时发现，一些人在喝可可时有放鸡蛋的习惯。因此，服务员发问时，不要问"要不要加鸡蛋"，而应当问"要一个还是要两个"。这样问，多做一个鸡蛋的生意绝对是有可能的。

三、启示型提问

这种提问方式重在启示。要想告诉对方一个道理，但又不能直说，通过提问引起对方思考，直至明白某个道理。

老师在批评学生的时候，在指出对方的错误行为之后，常常接着问："你觉得这样做对吗？"就是一种启示型提问，此外还可以采用声东击西，欲擒故纵，先虚后实，借古喻今等提问方法。

四、选择型提问

提问不同于质问，其目的不是难倒对方。在日常生活中，许多问话不只是征求对方的意见，统一对某个问题的看法。这种情况下向对方问话时，我们可以用选择型。选择型提问容易造成一个友好的谈话氛围。被提问者可以根据本人的意愿，自由地选择答案。比如：炎热的夏天，你家来了客人，你想给他弄点东西解渴，但又不知道他喜欢什么，你可以这样问他："你是要茶还是咖啡，或是西瓜？"这样，客人选择他自己喜欢的东西，增添了友好的气氛。

五、攻击型提问

发问要考虑对象，尤其是被提问者与自己的利害关系。如果对方是自己的不友好者或是竞争对手，这时候提问的目的是为了直接击败对手，你不妨可以采用攻击型提问的方式。里根与卡特在竞选美国总统时有一段精彩论辩。当时，里根向卡特挑战性地提出了这样的问题："每一个公民在投票前都应该好好想一想这样几个问题：你的生活是不是比四年前改善了？美国在国际上是不是比四年前更受尊重了？"里根的提问犹如一发重磅炮弹，极富攻击性，在美国选民中激起了巨大波涛。结果在论辩之后，民意测验表明：支持里根的人显著上升。攻击型问话的直接目的是击败对手，故而要求这种问话具有干练、明了、利己和击中要害等特点。

六、迂回曲折地提问

意大利知名女记者奥里亚娜·法拉奇以其对采访对象挑战性的提问和尖锐、泼辣的言辞而著称于新闻界，有人将她这种风格独特、富有进攻性的采访方式称为"海盗式"的采访。迂回曲折的提问方式，是她取胜的法宝之一。

在采访南越总理阮文绍时，她想获取他对外界评论他"是南越最腐败的人"的意见。若直接提问，阮文绍肯定会矢口否认。法拉奇将这个问题分解为两个有内在联系的小问题，曲折地达到了采访目的。她先问："您出身十分贫穷，对吗？"阮文绍听后，动情地描述小时候他家庭的艰难处境。得到关于上面问题的肯定回答后，法拉奇接着问："今天，您富裕至极，在瑞士、伦敦、巴黎和澳大利亚有银行存款和住房，对吗？"阮文绍虽然否认了，但为了洗清这一"传言"，他不得不详细地道出他的"少许家产"。阮文绍是如人所言那般富裕、腐败，还是如他所言并不奢华，已昭然若揭，读者自然也会从他所罗列的财产"清单"中得出自己的判断。

她在采访我国领导人邓小平时，提出一个问题："天安门上保留下来的毛主席像，是否要永远保留下去？"看上去平常、微不足道，但实际上包含着丰富深刻的含义，目的在于想知道邓小平对毛泽东、毛泽东思想的评价、认识及其今后在中国的地位。

阿里·布托是巴基斯坦总统、西方评论界认为他专横、残暴。法拉奇在采访中，不是直接问他："总统先生，据说您是个法西斯分子"，而是将这个问题转化为："总统先生，据说您是有关墨索里尼、希特勒和拿破仑的书籍的忠实读者。"从实质上讲，这个问题同"您是个法西斯分子"所包含的意思是一样的，转化了角度和说法的提问，往往会使采访对象放松警惕，说出心中真实的想法。它看上去无足轻重，但却尖锐、深刻。

七、以"如果"提问

首先我们要养成习惯，用"如果"引导的问句问对方能够得到更好的结果的话，就要避免简单用"是的"来回答对方的提问。比如，你给顾客介绍一种产品。顾客问："能做成绿颜色吗?"你知道能，但是你不说"能"，你反而问："你喜欢做成绿颜色的?"顾客通常会回答说："是的。"而后你再问："如果我给你找一件绿色的，你会定购吗?"

"如果"引导的问句把问题又还给了对方。一位代表就是用这种方法从销售经理升到销售主任的。他问总经理怎么做才能被提升为销售主任。然后他用"如果"提问方法，在一定的时间期限内完成所定任务，因此获得提升。

用"如果"这样的句型能产生所希望的结果，我们应养成习惯多用，而不要总以"是的"来简单回答了事。我们可以用做游戏的方式来练习，直到成为自然而然的反应。例如：当家里人请你倒杯咖啡时，你不要说"是的"，而要问"你想喝杯咖啡吗?"，他们总是会说"是的"。而后你再说"如果我给你倒咖啡，你能……"，你可以提出任何要求作为倒咖啡的条件。

八、"足够"提问

问句中用"足够"这个词非常有效，可以得到对方的同意。例如："你觉得下星期一开始就够快的吧?"

回答意味着我们下星期一开始。

回答不意味着我们要开始，而是要在下星期一才开始。

"你觉得十台电脑够了吗?"

回答说够了意味着十台电脑能满足我们的需要了。

回答说不够意味着还要增加!

这仅仅是最简单的方法，只需稍稍练习就能掌握。

九、对次要方面提问

我们如果对一个想法中的次要内容征求他人同意的话，那么也就得到包括对主要内容的同意。例如:

"有了新电脑系统后我们应该配备第二台打印机了吧?"同意配备第二台打印机的人一定在原则上已同意购买新电脑了。

把握住说话的时机

一个人说话的内容不论如何精采，但如果时机掌握不好，就无法达到说话的目的。因为听者的内心，往往随着时间变化而变化。要对方愿意听你的话，或者接受你的观点，都应当选择适当的时机。

这有如一个参赛的棒球运动员，虽有良好的技艺、强健的体魄，但是他没有把握住击球的"决定性的瞬间"，或早或迟，棒就落空了。

所以，时机对你非常宝贵。但何时才是这"决定性的瞬间"，怎样才能判定并咬住，并没有一定的规则，主要是看对话时的具体情况，凭你的经验和感觉而定。

电冰箱老化了，制冷效果很差。丈夫几次提出要买一个新的，都因妻子不同意而没有买成。

中午，妻子对丈夫说:"今天真热，你把冰箱里的冰棒给我拿一支来。"

丈夫打开冰箱说:"冰棒都化了。"

"这个破冰箱!"妻子骂道。

"还是再买一个新的吧。"

"买一个吧。"妻子欣然同意了。

到了商店,看中了一个冰箱,一问价格,要三千多元。

"太贵了,还是不买吧。"妻子说。

"端午节快到了,天气这么热,单位给的肉和鱼往哪放?"丈夫说。

售货员这时插入一句:"这个冰箱虽然贵点,但耗电小,容积大,从长远看还是合算的。"

"那好,就买这个吧。"妻子终于同意了。

这位丈夫捕捉住了说话的时机,终于达到了目的。

在反映情况和说服人的时候,要特别注意把时机选在对方心情比较平和的时候。因为一些人由于劳累、遇到不顺心或正在把注意力集中在其他事情上时,是没有心情来听你说话的。

你一定听过夫妇之间这样的抱怨:

妻子说:"他回到家来,自个儿喝茶,坐下来埋头看报。要是我问他个什么,他就含糊地答一句。要是我想和他聊聊,他的心早就离得远远的,也许还挂着办公室的事。我整天陪着孩子,真渴望能有点精神调剂,可是他却不理睬我。"

而丈夫也一肚子怨气:"我还没来得及关上门,她就忙不迭地向我唠叨起来:什么菜的价钱又贵了,孩子把杯子摔了,隔壁老太太又说了她几句。烦死了……"

为尊重对方,考虑对方什么时候谈话才有较大兴趣,这是必须的。

第三节　绝不说不该说的话

说话留点神

　　说话比做文章难，做文章，可以细细推敲，再三订正，读文章，可以细细品味，详加研究。说话就不能这样了，因为一言既出，驷马难追啊！所以与人说话，应该特别留神。你要说的话，最好事先打好腹稿，列出纲要，免得临时遗漏；说话开头，先要定一定神，态度从容，双眼注视对方，表现出诚恳的神情，并随时注意他是否赞成你的意见，还是不以为然，据此随时调整你的说法，如果发觉他露出不愿意多听的神情，你就该设法结束话题。如果他有疑问，你就该多做解释，如果他乐于接受你的见解，你就该单刀直入，不要再绕圈子，如果发觉他要插口的样子，你就该请他发表意见，他的答话，你要特别注意，特别留神。

　　同样一个"喔"字，有不同的表示。"喔。"是表示知道了；"喔！"则是表示惊奇；"喔?"是表示疑问。如果他说"好的，就这样吧。"这是完全接受；"好的，以后再谈吧！"这表示不肯接受："好的，等我研究研究。"这是原则上可以同意，办法还须讨论；如果他说："好的，你听我的回音。"这是肯帮忙的表示；"好的，我替你留意。"这是没有把握的表示；"好的，我替你设法。"这是肯负几分责任的表示。你能够细细体会，便知道此次说话是否成功了，老于世故的人，往往不肯作露骨的表示，很容易使你误解他的意思。

　　你对人回答，也要有个分寸，认为对的，就回答他一声"很好"。你认为不对的，就回答他："这个问题很难说。"自认为可以办到的就回答他："我去试试，但成功与否不敢肯定。"自认为办不到的回答他："这件事太困难了，恐怕没多大的希望。"总之，不要说得太肯定，太肯定的回答，最易造成不愉快的后果。一切回答，必须留些回旋的余地，万一临时不能决定，你可以回答："待我考虑后，再答复你吧！"或者说："待我与某某商量后，由某某答复吧！"前者是接受与不接受各占一半，后者多数是婉言拒绝。如果对方唠叨不停，你不愿意再听下去，也有几个方法可以应付，你可以讲些其他无关紧要的话，转移目标，也可以说："好的，今天就谈到这里为止。"然后立起身来，说声"对不起，再见！再见。"他自然会中止谈话，离开你那里。

对方若是一个喜欢刺探你的意思的人，往往会迂回曲折，中间插入一句主要的话，希望你暴露真情，你如果不愿意告诉他，应该特别留神那句主要的话，设法避过，或者故意当作没有听见，或者含糊其辞，或者说"不便奉告"，来阻挡他不断的进攻。此外宿醉未醒，不要见客；盛怒之后，不要见客。醉时容易说错话，泄漏秘密；怒后容易迁怒来客，无端得罪人。人与人之间好感难得，恶感易成，所以与人对话，必须谨慎。当然知己相聚，上下古今，东西南北，与之所至，无所不谈，不必有所拘束，但是谑浪之谈，也以不虐为度，否则一言失误，感情便会产生裂痕，这就不可不防，不可不小心谨慎了。

话不能乱说

一言可以兴邦，一言可以乱邦，所以老于世故的人，对人总是唯唯诺诺，可以不开口的，就情愿学金人之三缄其口，实行其"庸人之谨"。比方他的隐私惟恐人知，你说话时偏在无意中说着他的隐私，基于言者无心，听者有意的道理，他会认为你是有意揭破他的隐私，恨你入骨。这是说话的第一忌。

他做的事，别有用心，他对自己的用心，极力掩饰不让人知，如果被你知道了，必然对你非常不利。你如与他向来熟悉，对他的用心知之甚深，他虽不能断定你一定明白，然而终究会对你感到十分疑惑与妒忌。你处于这种困难境地，绝不可对他表明绝不泄密，那你将如何自处呢？你惟一的办法，只有假装耳聋，若无其事，而这就是说话的第二忌。

　　他有阴谋诡计，你却参与其事，代为决策，帮他执行，从乐观方面说，你是他的心腹，从悲观方面说，你是他的心腹之患。你虽谨慎地保守秘密，从来不提及这件事，不料另外有智者猜中此事，对外宣告，那么你无法逃掉泄露的嫌疑。你只有经常接近他，表示自己绝无二心，同时设法侦察泄露这个秘密的人。这是说话的第三忌。

　　万一对方对你尚无深刻的认识，没有十分信任，你却极力讨好他，对他说极深切的话，假使他采用你的话，然而试行的结果并不好，一定疑心你有意捉弄他，使他上当。即使试行结果很好，他对你也未必会增加好感，认为你只是偶然看到，实行又不是你的力量，怎可以算你的功劳，所以你这个时候还是不说话为好。这是说话的第四忌。

　　他犯有错误被你知道，你便不惜声援正义，直言进谏。他本来就已觉得愧疚，惟恐旁人知情，你去揭破，他自然更觉惭愧，由惭愧而忿恨，由忿恨进而与你发生冲突，你不是凭空多了一个冤家？所以，即使告之，也应以婉转为宜，这是说话的第五忌。

　　对方成功乃计出于你，而他是你的上司，他则必会深恐好名声被你抢去，内心惴惴不安。你知道了这种情形，就应该到处宣扬，逢人便说，极力表示这是上司的善谋，这是上司的远见，一点也不要透露你曾经出了什么力。

　　对方不能做的事，而你认为应该做，就算强迫也要让他必须做到；对于某事，对方是箭在弦上不能不发，或业已骑虎难下，无法中止，但你认为这事不应该做，就算勉强也必须中止，像这种情形，都是强人所难。你勉强他一定要做，勉强他一定要中止，原本是善意，尽一分挚友之责，心地光明，无可非议。但事实已经如此，虽然勉强也不会有效。如果你在道义上，认为不该熟视无睹，不妨进言婉劝，使他自己觉悟，由他自己来发动，自己去中止，这才是上策。万一他不愿接受你的劝告，你也只好见机行事，适可而止，否则过于强求，只是徒伤感情罢了。

切勿触到对方的忌讳

中国幅员辽阔，各地的方言不同，往往同样一句话，意义却完全相反，你以为侮辱，他以为尊敬，你以为尊敬，他以为侮辱，所以古人才有"入境随俗"的主张。

从前有个浙江人，到北方去做官，他的妻子也是南方人。有一天，太太教女仆洗衣服，她说："洗好后，出去晾晾。"晾晾的字音，南方人读做浪浪，浪浪在北方是不好听的词。女仆听了，当然觉得奇怪。太太询问原因后出口笑骂道："堂客！"堂客在江苏、浙江一带，是骂人的名词，女仆听了，急着说："太太，不敢当"！太太又问其所以，才知道原来在湖北等省，"堂客"是尊敬女人的意思。

这是一个笑话，却可证明方言意义的不同。比方你称呼人家的小男孩，叫他小弟弟，总不算错吧？但是在太仓人听来，认为你是骂他；比方你对老年男子，叫他老先生，总算不错吧？但是在江苏嘉定人听来，当你是侮辱他。你在安徽，称朋友的母亲，叫老太婆是尊敬她；但是你在江浙地方，称朋友的母亲为老太婆，那简直是骂她了。各地的风俗不同，说话上的忌讳各异，你与人交际，必须留心对方的避讳话。一不留心，脱口而出，最易令人不快。

虽然对方知道你不懂他的忌讳，情有可原，但在你总是近乎失礼，至少是你犯了对方的忌讳，在友谊上是不会增进的。比方你对江浙人骂一声混帐，还不是十分严重，你如果骂北方女子一声，那就会被认为是奇耻大辱，非与你大肆交涉不可。从前有一位小学教师，为了一些小争执，骂学生的母亲混帐，不料这位女家长，是一个北方人，因此向学校当局大兴问罪之师，要那位举出她混帐事实来。原来"混帐"二字，在北方是女子偷汉的意思，这种解说使问题显得严重了，学校当局虽一再道歉，声明误会，还是不肯罢休，只好请出他人劝解，才算了事。这近乎笑话的故事，更足以证明方言上的忌讳是必须特别留心的。

留心对方忌讳，在交际上原是小事，在彼此交谊上却有极大影响，你在社会上做人，冤家越少越好，因为说话不识忌讳而多招空心冤家，那更是不值得了。

用反问去了解他人的真意

近年来"午夜谈心"一类的电台或电视节目非常流行。有一位心理学专家应邀在这类节目中担任对来谈心的人进行心理指导，这是件吃力不讨好的工作，这位专家必须在有限的时间内，根据对方的言论给予适当的劝告或指点迷津，但假如言之有失，就会被对方斥责，甚至追加罪名。

然而，这位专家却在听（观）众中颇有口碑，许多人都希望与他坦诚地交谈。他的独门绝活就是能迅速且正确地从对方的话语中捕捉出一些真实的想法。据他透露：在交谈中，对方说出似乎有些异常的话时，便马上再用这些异常的话来反问对方，便可以探出对方的真意了。

譬如，有一次，一位中年妇女来到这个节目演播厅，主要话题是她的丈夫经常夜归的问题。一开始，这位妇女举出很多认为她丈夫夜归是因为有外遇的理由，随后，她突然冒出一句："为什么只有男人可以这么做，却不准我们女人这样做……"这位心理专家马上反问道："'只有男人'这话怎么个意思？"

这位妇女当即歇斯底里地说："不，说这种男人对爱情不专是男人有魅力的表现，是陈旧的观点，我也很想这么做，也想背叛他……"他又反问道："虽说是陈旧的观点，那你认为现代女性应当水性杨花好吗？"

她思忖了一阵，答道："不是的！不是这样的！不是爱情不专这件事好或不好，而是我讨厌他老跟我撒谎……"心理专家又问："那么不撒谎，坦白对你说出来就可以原谅吗？你觉得这种爱情不专的做法好吗？总之，你可不能因为丈夫这样做，自己也想去试试爱情不专的行为……"

听完专家的一番话后，这位中年妇女羞涩地承认了自己的想法不对。

这位心理专家敏捷地抓住了"只有男人……"这句话，引发对方道出自己内心深处的欲望——总想去试试爱情不专的举动和念头。

上述的这种技巧，在与初次见面的人交谈也是相当有效的。

拒绝别人需要讲究策略

对于他人的话，人们总是会表现出情感反应。如果先说让人高兴的话，即使马上接着说些使人生气的话，对方也能以欣然的表情继续听。利用这种方法，可以击退不喜欢的对象。

有一个乐师，被熟人邀请到某夜总会乐队工作。乐师嫌薪水低，打算立即拒绝。但想起以往受过对方照顾，不便断然拒绝。他心生一计，先说些笑话，然后一本正经地说："如果能使夜总会生意兴隆，即使奉献生命，在下也在所不辞。"

此时夜总会老板自然还是一副笑脸，乐师抓住机会立刻板起面孔说："你觉得什么地方好笑？我知道你笑我。你看扁我，不尊重我，这次协议不用再提，再见！"

这样，乐师假装生气，转身便走，老板却不知该如何待他，虽生悔意，但为时已晚。

因此，面对不喜欢的对象，要出其不意地敲他一下，以便打退对方。若缺乏机会，不妨参照上例，制造机会，先使对方兴高采烈，然后趁对方缺乏心理准备，脸上仍在笑嘻嘻时，找到借口及时退出，达到拒绝的目的。

一位名叫金六郎的青年去拜访本田宗一郎，想将一块地产卖给他。

本田宗一郎很认真地听着金六郎的讲话，只是暂时没有发言。

本田宗一郎听完金六郎的陈述后，并没有作出"买"或者"不买"的直接回答。而是在桌子上拿起一些类似纤维的东西给金六郎看，并说："你知道这是什么东西吗？"

"不知道。"金六郎回答。

"这是一种新发现的材料，我想用它来做本田宗一郎汽车的外壳。"本田宗一郎详详细细地向金六郎讲述了一遍。

本田宗一郎共讲了十五分钟之多。谈论了这种新型汽车制造材料的来历和好处，又诚诚恳恳地讲了他明年汽车拟取何种新的计划。这些内容使得金六郎摸不着头脑，但感到十分愉快。在本田宗一郎送走金六郎时，才顺便说了一句，他不想买他的那块地。

如果本田宗一郎一开始就将自己的想法告诉金六郎，金六郎一定会问个究竟，并想方设法劝说本田宗一郎，让他买下这块地。本田宗一郎不直接言明的理由正是如此，他不想与金六郎为此争辩什么。

拒绝对方的提议时，最好采用毫不触及话题具体内容的抽象说法。

日本成功学大师多湖辉说的这个故事发生在60年代末的学运中。某大学的教室里正在上课时，一群学运积极分子闯了进来，使上课的教授先生手足无措。当着班上学生的面，教授想显示一点宽容和善解人意的风度，就决定先听一下学生讲些什么之后再去说服他们。

结果与他的善良想法完全相反，学生们乘势向他提出许许多多的问题，把课堂搅得一团糟，再也上不成课了。并且这之后只要他上课就有激进派的学生出现在课堂上，就这样日无宁日地持续了一年。

从这一教训中，教授悟到一条法则，即若无意接受对方，最好别想去说服他，对方一开口就应该阻止他："你们这是妨碍教学，赶快从教室里出去，与课堂无关的事，让我们课后再说！"

假如再发生一次同样的事，教授先生能否应付？就算他显示出了拒绝的态度，学生也会毫不理会地攻击他吧！如果一点也不去听学生的质问，一开始就踩住话头，至少不会给对方以可乘之机，也不致弄得一年时间都上不好课！

采取明智的拒绝态度

（1）先表明态度。

有的人对于要拒绝或是接受，在态度上常表现得暧昧不明，而造成对方一种期待。虽然想表示拒绝，却又并不出口。

听别人几句甜言蜜语，就轻易地承诺下来的举动，也是自己态度不明确所造成的。

（2）想办法缓和对方对"不"的抗拒感。

虽然说"不"或"行"要明白表示，却也不是叫你毫无顾虑地就表示"要"或"不要"。语气强硬地说"不行"、"没办法"，是会伤害对方的自尊心，甚至遭来对方的怨恨。

对别人的要求要洗耳恭听，对自己不能答应的事要表示抱歉。体谅对方拼命工作的苦心……这些都是在你回答"不"之前所应思考的。尤其当要求的对方是上级时，说话更要留余地。

（3）要顾及对方的自尊。

人都是有自尊心的，一个人有求于别人时，往往都带着惴惴不安的心理，如果一开始就说"不行"，势必会伤害对方的自尊心，使对方不安的心理急剧加速，失去平衡，引起强烈的反感，从而产生不良后果。因此，不宜一开口就说"不行"，应该尊重对方的愿望，先说关心、同情的话，然后再讲清实际情况，说明无法接受要求的理由。由于先说了那些让人听了产生共鸣的话，对方才能相信你所陈述的情况是真实的，相信你的拒绝是出于无奈，因而是可以理解的。

当拒绝别人时，不但要考虑到对方可能产生的反应，还要注意准确恰当地措辞。比如你拒聘某人时，如果悉数罗列他的缺点，会十分伤害他的自尊心。倒可以先称赞他的优点，然后再指出缺点，说明不得不这样处置的理由，对方也能更容易接受，甚至感激你。

（4）降低对方对你的期望。

大凡来求你办事的人，都是相信你能解决这个问题，抱有很高的期望值。一般地说，对你抱有期望越高，越是难以拒绝。在拒绝要求时，倘若多讲自己的长处，或过分夸耀自己，就会在无意中抬高了对方的期望，增大了拒绝的难度。如果适当地讲一讲自己的短处，就降低了对方的期望，在此基础上，抓住适当的机会多讲别人的长处，就能把对方求助目标自然地转移过去。这样不仅可以达到拒绝的目的，而且使被拒绝者因得到一个更好的归宿，由意外的成功所产生的愉快和欣慰心情，取代了原有的失望与烦恼。

（5）尽量使你的话温柔缓和。

当你想拒绝对方时，可以连连发出敬语，使对方产生"可能被拒绝"的预感，形成对方对于"不"的心理准备。

谈判中拒绝对方，一定要讲究策略。婉转地拒绝，对方会心服口服；如果生硬地拒绝，对方则会产生不满。

轻松地把"不"说出口

一、在别人提出要求前做好说"不"的准备

那些在别人不论提出多不合理的要求时很难说"不"的人，通常是由于以下一种或几种原因：

①对自己的判断力缺乏自信，不知道什么是应该做的，什么是别人不该期望自己做的。

②渴望讨别人喜欢，担心拒绝别人的请求会让人把自己看扁了。

③对自己能成功地负起多少责任认识不清。

④具有完善的道德标准。他们会为"拒绝帮助"别人而感到罪过。

⑤觉得自己低人一等，因而把别人看成是能控制自己的"权威人士"。

然而，不论出于何种理由，这些不敢说"不"的人通常承认自己受感情所支配。不管过去的经历如何，他们从未在别人提出要求时有一个准备好的答复。

假如发现自己的拒绝是完全公平合理之时都很难启齿说"不"，那么请用以下这些方法帮助你自己：

①在别人可能向你提出不能接受的要求之前做好准备。

②把你的答复预先演习一遍，准备三至四套可使用的句子（例如："对不起，我这几天对此只能说'不'"；"我正忙得脚底朝天呢。"）对着自己大声练习几遍。

③当你说"不"时，别编造借口。如果你有理由拒绝而且想把理

由告诉别人，是很好的。要简洁明了，一语中的。但你不必硬找理由。你有充分的权力说"不"。

④在说出"不"之后要坚持，假如举棋不定，别人会认为可以说服你改变主意。

⑤在说出"不"之后千万别有负罪感。

二、用沉默表示"不"

当别人问："你喜欢阿兰德隆吗？"你心里并不喜欢，这时，你可以不表态，或者一笑置之，别人即会明白。

一位不大熟识的朋友邀请你参加晚会，送来请帖，你可以不予回复。它本身说明，你不愿参加这样的活动。

三、用拖延表示"不"

一位女友想和你约会。她在电话里问你："今天晚上八点钟去跳舞，好吗？"你可以回答："明天再约吧，到时候我给你去电话。"你的同事约你星期天去钓鱼，你不想去，可以这样回答："其实我是个钓鱼迷，可自从成了家，星期天就被妻子没收啦！"

四、用推脱表示"不"

一位客人请求你替他换个房间，你可以说："对不起，这得值班经理决定，他现在不在。"

你和妻子一块上街，妻子看到一件漂亮的连衣裙，很想买，你可以拍拍衣袋："糟糕，我忘了带钱包。"

有人想找你谈话，你看看表："对不起，我还要参加一个会，改天行吗？"

五、用回避表示"不"

你和朋友去看了一部拙劣的武打片，出影院后，朋友问："你觉得这部片子怎么样？"你可以回答："我更喜欢抒情点的片子。"

你正发烧，但不想告诉朋友，以免引起他的担心。朋友关心地问：

"你试试体温吗？"你说："不要紧，今天天气不太好。"

六、用反诘表示"不"

你和别人一起谈论国家大事。当对方问："你是否认为物价增长过快？"你可以回答："那么你认为增长太慢了吗？"

你的恋人问："你讨厌我吗？"你可以回答："你认为我讨厌你吗？"

七、用客气表示"不"

当别人送礼品给你，而你又不能接受的情况下，你可以客气地回绝：一是说客气话；二是表示受宠若惊，不敢领受；三是强调对方留着它会有更多的用途等。

八、用外交辞令说"不"

外交官们在遇到他们不想回答或不愿回答的问题时，总是用一句话来搪塞："无可奉告"。生活中，当我们暂时无法说"是与不是"时，也可用这句话。

还有一引进话可以用作搪塞："天知道。""事实会告诉你的。""这个嘛……难说。"等等。

九、以友好、热情的方式说"不"

一位作家想同某教授交朋友。作家热情地说："今晚我请你共进晚餐，你愿意吗？"不巧教授正忙于准备学术报告会的讲稿，实在抽不出时间。于是，他亲热地笑了笑，带着歉意说："对你的邀请，我感到非常荣幸，可是我正忙于准备讲稿，实在无法脱身，十分抱歉！"他的拒绝是有礼貌而且愉快的，但又是那么干脆。

十、避免只针对对方一人

某造纸厂的推销员上某单位推销纸张。推销员找到他熟悉的这个单位的总务处长，恳求他订货。总务处长彬彬有礼地说："实在对不起，我们单位已同某国营造纸厂签订了长期购买合同，单位规定再不向其他任何单位购买纸张了，我也应按照规定办。"因为总务处长讲的是任何单位，就不仅仅针对这个造纸厂了。

当我们羞于说"不"的时候，请恰当地运用上述方法吧。但是，在处理重大事务时，来不得半点含糊，应当明确说"不"。

拒绝别人的禁忌

（1）忌与对方套近乎。

给人以"敬而远之"的态度，比较容易把"不"说出来并说得较好，或者说，对方试图与你套近乎，你要保持头脑清醒，以免做了感情俘虏，给对方可乘之机。一般说来，见一次面就能记住别人名字的人，常容易与人接近，故此，在交谈中不断称呼别人名字，并冠之以"兄"、"先生"等常产生亲近感，那么，反过来你想说"不"时，便应杜绝这种亲密的表示，即对方的名字一概不提，这样加大对方心理距离，容易说"不"。还有谈话时尽量距离对方远些，使其不容易行使拍、拉等触动性的亲密动作。据心理学家研究，"触动"是很容易产生共同感受的，故想说"不"时应注意避免。另外，最好也不要触摸对方递出来的东西。东西也和人一样，一经"触摸"也会产生"亲密感"，想要拒绝就不容易了。

（2）忌用借口来拖延说"不"的时机。

有些人觉得不便说"不"，便随便找些不值一驳的理由来暂时搪塞对方，以求得一时的解脱。这个方法并不好，因为对方仍可以找理由跟你纠缠下去，直到你答应为止。比如你不想答应帮他做事，推说：

"今天没有时间。"

他就会说：

"没有关系，你明天再帮我做好了，事情就拜托你了。"

又如你不想要对方想转让给你的一件衣服，你推说：

"钱不够。"

那么对方会说：

"钱以后再说好了。"

就把你轻易应付过去了。或者你不愿意跟对方跳舞，推说：

"我跳不好。"

那么他一定会说：

"没关系，我慢慢带着你跳好了。"

因为这些都是小小的谎言，一经反驳，你定有所慌乱，"不"的意志便很难贯彻了。所以对付这种情况，你倒不如直截了当地用较单纯的理由明确地告诉对方：

"你托办的这件事办不到，请原谅。"

"这件衣服的颜色我不喜欢，很抱歉。"

"我已经另约了舞伴，不能跟你跳，对不起。"等等。

这样虽说显得生硬些，但理由单纯明快，不给对方可乘之机，倒可以免除后患。

言行失误时积极弥补

一、言语失误及时改口

历史上和现实中许多能说会道的名人，在失言时仍死守自己的城堡，因而惨败的情形不乏其例。比如 1976 年 10 月 6 日，在美国福特总统和卡特共同参加的、为总统选举而举办的第二次辩论会上，福特对《纽约日报》记者马克斯·佛朗肯关于波兰问题的质问，作了"波兰并未受苏联控制"的回答，并说"苏联强权控制东欧的事实并不存在"。这一发言在辩论会上属明显的失误，当时立即遭到记者反驳。但反驳之初佛朗肯的语气还比较委婉，意图给福特以订正的机会。他说："问这一件事我觉得不好意思，但是您的意思难道在肯定苏联没有把东欧化为其附庸国？也就是说，苏联没有凭军事力量压制东欧各国？"

福特如果当时明智，就应该承认自己失言并偃旗息鼓，然而他觉得身为一国总统，面对着全国的电视观众认输，决非善策，于是继续坚持，一错再错，结果为那次即将到手的当选付出了沉重的代价。刊登这次电视辩论会的所有专栏、社论都纷纷对福特的失策作了报道，他们惊问：

"他是真正的傻瓜呢？还是像只驴子一样的顽固不化？"

卡特也乘机把这个问题再三提出，闹得天翻地覆。

高明的论辩家在被对方击中要害时决不强词夺理，他们或点头微笑，或轻轻鼓掌。如此一来，观众或听众弄不清他葫芦里藏的什么药。有的从某方面理解，认为这是他们服从真理的良好风范；有的从另一方面理解，又以为这是他们不屑辩解的豁达胸怀。而究竟他们认输与否尚是个未知的谜。这样的辩论家即使要说也能说得很巧，他们会向对方笑道："你讲得好极了！"

相比之下，里根就表现得高明许多。

一次，美国总统里根访问巴西，由于旅途疲乏，年岁又大，在欢迎宴会上，他脱口说道：

"女士们，先生们！今天，我为能访问玻利维亚而感到非常高兴。"

有人低声提醒他说溜了嘴，里根忙改口道：

"很抱歉，我们不久前访问过玻利维亚。"

尽管他并未去玻国。当那些不明就里的人还来不及反应时，他的口误已经淹没在后来滔滔的大论之中了。这种将说错的地点时间加以掩饰的方法，在一定程度上避免了当面丢丑，不失为补救的有效手段。只是，这里需要的是发现及时、改口巧妙的语言技巧，否则要想化解难堪也是困难的。

在实践中，遇到这种情况下，有三个补救办法可供参考：

①移植法：就是把错话移植到他人头上。如说："这是某些人的观点，我认为正确的说法应该是……"这就把自己已出口的某句错误纠正过来了。对方虽有某种感觉，但是无法认定是你说错了。

②引伸法：迅速将错误言词引开，避免在错中纠缠。就是接着那句话之后说："然而正确说法应是……"或者说："我刚才那句话还应作如下补充……"，这样就可将错话抹掉。

③改义法：巧改错误的意义。当意识到自己讲了错话时，干脆重复肯定，将错就错，然后巧妙地改变错话的含义，将明显的错误变成正确的说法。

二、顾左右而言他

某校某班在一次高考中，数学和外语成绩突出，名列前茅。校长在评功总结会上这样说：

"数学考得好，是老师教得好；外语考得好，是学生基础好。"

在座群众听罢沸沸扬扬，都认为校长的说法显得有失公正。一位教师起身反驳：

"同一个班，师生条件基本相同。相同的条件产生了相同的结果，原是很自然的事，不公平的对待，实在令人费解。原有的基础与尔后的提高，有相互联系，不能设想学生某一学科基础差而能提高得快，也不能设想学生某一学科基础好而不需要良好的教学就能提高。校长对待教师的劳动不一视同仁，将不利于团结，不能调动广大教师的积极性。"

会场有人轻轻鼓掌，然后是一阵静默。而静默似乎比掌声对校长更有压力和挑战意味。校长没有恼怒，反而"嘿嘿"地笑起来，他说：

"大家都看到了吧，×老师能言善辩，真是好口才。很好，很好！言者无罪，言者无罪。"

尽管别人猜不透校长说这话的真实意思，然而却不得不佩服他的应变能力：他为自己铺了台阶，而且下得又快又好。听了上述回答后，无人再就此问题对校长跟踪追击。

既要撤退，就不宜作任何辩解，辩解无异于作茧自缚，结果无法摆脱。

三、巧妙转换话题

就是错话一经出口，在简单的致歉之后立即转移话题，有意借着错处加以生发，以幽默风趣、机智灵活的话语改变现场上的气氛，使听者随之进入新的情境中去。曾有一个新毕业的大学生去某合资公司求职，一位负责接待的先生递过来名片。大学生神情紧张，匆匆一瞥，脱口说道："滕野先生，您身为日本人，抛家别舍，来华创业，令人佩服。"那人微微一笑："我姓滕，名野七，地道的中国人。"大学生面红耳赤，无地自容，片刻后，神志清醒，诚恳地说道："对不起，您的名字使我想起了鲁迅先生的日本老师——藤野先生。他教给鲁迅许多为人治学的道理，让鲁迅受益终生。希望滕先生日后也能时常指教我。"滕先生面带惊奇，点头微笑，最终录用了他。

四、将错就错

现实生活中，常常会有因说错话而陷入尴尬困境的情况。这或多或少会给人际交往带来负面的影响。因而错话说出以后如何进行补救就显得尤为重要了。为了使错误能够及时得以补救，创造良好的人际关系和心境，最要紧的是掌握必要的纠错方法。

将错就错不失为一个好办法。这种方法就是在错话出口之后，能巧妙地将错话续接下去，最后达到纠错的目的。其高妙之处在于，能够不动声色地改变说话的情境，使听者不由自主地转移原先的思路，不自觉地顺着我之思维而思维，随着我之话语而调动情感。

某次婚宴上，来宾济济，争向新人祝福。一位先生激动地说道："走过了恋爱的季节，就步入了婚姻的漫漫旅途。感情的世界时常需要润滑。你们现在就好比是一对旧机器……"其实他本想说"新机器"，却脱口说错，令举座哗然。一对新人更是不满之情溢于言表，因为他们都各自离异，自然以为刚才之语隐含讥讽。那位先生的本意是要将一对新人比作新机器，希望他们能少些摩擦，多些谅解。但话既出口，若再改正过来，反为不美。他马上镇定下来，略一思索，不慌不忙地补充一句："已过磨合期。"此言一出，举座称妙。这位先生继而又深情地说道："新郎新娘，祝愿你们永远沐浴在爱的春风里。"大厅内掌声雷动，一对新人早已笑得面若桃花。

这位来宾的将错就错令人叫绝。错话出口，索性顺着错处续接下去，反倒巧妙地改换了语境，使原本尴尬的失语化作了深情的祝福，同时又道出了新人间情感历程的曲折与相知的深厚，颇有些点石成金之妙。

五、矛头指向"替罪羊"

老王的老同学到家里来聊天，二人在客厅里天南地北地聊着，不知不觉已经到了用晚餐的时间了。老王五岁的小儿子跑了进来，趴在老王的肩膀上咬耳朵。老王聊得正高兴，很不耐烦地训斥儿子："没礼貌！当着客人的面咬什么耳朵？有话快说！"

小儿子顺从地大声说："妈妈叫我告诉你，家里没有菜，不要留客人吃饭。"一时之间两个大人都愣住了，多尴尬，怎么解释啊！

老王脑筋一转，伸出手来，在儿子的小脑袋上轻轻打了一下，然后说："小笨蛋！我不是告诉过你？只有在隔壁唠叨讨厌的林妈妈来的时候，才要跑出来说这句话吗？你怎么弄错了？"

六、借题发挥

素有"东北虎"之称的张作霖虽然出身草莽，却粗中有细，常常急中生智，突施奇招，使本来糟透了的事态转败为胜。

有一次，张作霖出席名流集会。席上不乏文人墨客和附庸风雅之人；而张作霖则正襟危坐，很少说话。席间，有几位日本浪人突然声称，久闻张大帅文武双全，请即席赏幅字画。张作霖明知这是故意刁难，但在大庭广众之下，"盛情"难却，就满口应允，吩咐笔墨侍候。这时，席上的目光全都集中在张作霖身上，几个日本浪人更是掩饰不住讥讽的笑容，只见张作霖潇洒地踱到桌案前，在满幅宣纸上，大笔挥写了一个"虎"字，左右端详了一下，倒也匀称，然后得意地落款"张作霖手黑"，踌躇满志地掷笔而起。

那几个日本浪人面对题字，一时丈二和尚摸不着头脑，不由得面面相觑。其他在场的人也是莫名其妙，不知何意。

还是机敏的随侍秘书一眼发现出了纰漏，"手墨"（亲手书写的文字）怎么成了"手黑"？他连忙贴近张作霖身边低语："大帅，您写的'墨'字下少了个'土'，'手墨'写成了'手黑'。"张作霖一瞧，不由得一愣，怎么把"墨"写成了"黑"啦？如果当众更正，岂不大煞风景？还要留下笑柄。这时全场一片寂静。

只见张作霖眉梢一动，计上心来，他故意大声呵斥秘书道："我还不晓得'墨'字下面有个'土'？因为这是日本人索取的东西，不能带土，这叫寸土不让！"语音刚落，立即赢得满堂喝彩。

那几个日本浪人这才领悟出意思来，越想越觉得没趣，又不便发作，只好悻悻退场了。

七、坦率地承认自己的错误

一个人在前进的途中，难免会出现这样或那样的过错。对一个欲求达到既定目标、走向成功的人来说，正确对待自己过错的态度应当是：过而不文、闻过则喜、知过能改。

人们大都有一个弱点，喜欢为自己辩护、为自己开脱。而实际上，这种文过饰非的态度常会使一个人在人生的航道上越偏越远。过而不文需要一种坚强的纠错意识和宽广的胸怀。一般人做不到这一点，首要的原因可能是虚荣心在作祟。一向认为自己各方面的能力都不错，很少有失误发生，久而久之，自然养成了"一贯正确"的意识，一旦真的出现过错，则在心理上难以接受。出于对面子的维护，人们会找理由开脱，或者干脆将过错掩盖起来。另外的原因是怕影响自己在他人中的威信及信任。其实，如果是作为下级，敢于正视自己的过错，可能会更加得到领导的赏识与信任；如果是作为上级，则过而不文也会使下属对自己更加敬重，从而提高自己的威信。

闻过则喜、知过能改是一种积极向上、积极进取的人生态度。只有当你真正认识到它的积极作用的时候，才可能身体力行去闻听别人的善意劝解，才可能真正改正自己的缺点和错误，而不致为了一点面子去忌恨和打击指出过自己过错的人。闻过易，闻过则喜不易，能够做到闻过则喜的人，是最能够得到他人帮助和指导的人，当然也是最易成功的人。而知过能改则是使一个人在激烈的竞争中从一个胜利走向另一个胜利的关键。"过而不改，是谓过矣！"有了过失并不可怕，怕的是不思悔改、一味坚持的人。这种人是很难走向人生的辉煌的！

格里·克洛纳里斯现在北卡罗来纳州夏恪特当货物经纪人。在他给西尔公司做采购员时，他发现自己犯下了一个很大的估计上的错误。有一条对零售采购商至关重要的规则是不可以超支你所开账户上的存款数额。如果你的账户上不再有钱，你就不能购进新的商品，直到你重新把账户填满——而这通常要等到下一次采购季节。

那次正常的采购完毕之后，一位日本商贩向格里展示了一款极其漂亮的新式手提包。可这时格里的账户已经告急。他知道他应该在早些时候就备下一笔应急款，好抓住这种叫人始料未及的机会。此时他知道自己只有两种选择：要么放弃这笔交易，而这笔交易对西尔公司来说肯定会有利可图；要么向公司主管承认自己所犯的错误，并请求追加拨款。正当格里坐在办公室里苦思冥想时，公司主管碰巧顺路来访。格里当即对他说："我遇到麻烦了，我犯了个大错。"他接着解释了所发生的一切。

　　尽管公司主管不是个喜欢大手大脚地花钱的人，但他深为格里的坦诚所感动，很快设法给格里拨来所需款项，手提包一上市，果然深受顾客欢迎，卖得十分火爆。而格里也从超支账户存款一事汲取了教训。并且更为重要的是，他意识到这样一点：当你一旦发现了自己陷入了事业上的某种误区，怎样爬出来比如何跌进去最终会显得更加重要。

　　当你不小心犯了某种大的错误，最好的办法是坦率地承认和检讨，并尽可能快地对事情进行补救。只要处理得当，你甚至可以立于不败之地。

第三章
把难事说成的技巧

第一节　在上司面前该这样说

怎样向上级做好口头报告

除了书面报告，另一个选择是口头报告，或者是对书面报告的一种补充。当立即需要说明风险存在的信息时；当准备一篇书面报告的时间太短时；当口语比书面语能更好地交流重要消息时；及当没人参与书面报告时，最好使用口头报告。

口头报告具备一篇好的书面报告的所有特点，并采用同样的结构。与书面报告一样，它也常具备有相同的缺点。两者惟一真正的区别是传递的方式变了。你必须在听众面前表达其意思，它们表达的好与坏决定了它们是搭起一座桥还是竖起一面墙。

关于口头报告所应具备的成功要素包括如下六个方面，它们是：洞察——了解自己及听众；理解——你是如何理解听众及听众是如何理解你的；计划——决定陈述的类型与结构；准备——挖掘原料；实践——演习以提高你的表现；完成——提交这个陈述。

具体来说，就是：

一、洞察

了解自己在此报告中最吸引人的部分，以及听众最关心的内容。

二、理解

理解你与听众之间的物质及感情关系。

三、计划

回答陈述中有关谁，什么，何时，何地，为什么及如何的问题。

四、准备

安排描述的结构，将支持观点的内容具体化，决定提交的方式。

五、实践

安排演习的方法。

六、完成

提交这些陈述。

这六要素适用于口头报告，也适用于其他类型的正式陈述。后面为准备陈述提供了检查表，读者在做口头风险报告时可以使用。

你会与上司说话吗

在工作中，上下级之间的关系是很重要的。谈话是联系上下级之间的一条重要纽带，因此必须加以研究，这是关系到你的发展前途和晋升问题。

许多在同事中、亲友中滔滔不绝地谈话的人，一到上级面前便结结巴巴，许多想好的话也不知从何说起。造成这种情况的原因是多方面的。但一般说来，上下级地位的差距在客观上造成了感情上的差距，人们往往担心自己的"命运"、"前途"都掌握在领导手里，若讲话出了差错将会影响今后的发展。另一些人认为，和领导说话要有不一般的样子，诸如此类，都造成了心理上的压力。作为领导者，对此都应当体谅，应以平易近人的态度，主动与下级接近，用种种办法来消除群众对自己的畏惧与隔阂，鼓励向自己提意见；在生活上，又愿意与群众同甘共苦。这种领导，群众是愿意和他们谈话的，也会消减上下级之间的隔阂。

那么，在一般情况下，如何与上级谈话呢？

（1）态度上不卑不亢

对上级应当表示尊重，你应该承认他总有强于你的地方，或者才华超群，或是经验丰富，所以要做到有礼貌，谦逊。但是，绝不要采取"低三下四"的态度。绝大多数有见识的领导，对那种一味奉承、随声附和的人，是不会予以重视的。在保持独立人格的前提下，你应采取不卑不亢的态度。在必要的场合，你也不必害怕表示自己的不同观点，只要你从工作出发，摆事实，讲道理，领导一般是会予以考虑的。

（2）了解上级的个性

上级固然是领导，但他首先是一个人，作为一个人，他有他的性格、爱好，也有他的语言习惯，如有些人性格爽快、干脆，有些人则善于沉默寡言，事事多加思考，你必须适应这一点。不要认为这是"迎合"，其实，这正是应用心理学的一门技巧。

（3）先给他写张纸条

作为上级，一天到晚要考虑的问题很多。所以，你应当根据自己问题的重要与否，去选择时机思考，假若你是为个人琐事，就不要在他正埋头理事时去干扰他。如果你不知道上级何时有空，不妨先给他写张纸条，把自己需要解决的问题要点写上，然后请他交谈。或者你写上要求面谈的时间、地点，请他先约定，这样，领导便可以安排时间。

（4）多准备几套方案

在谈话时，充分了解自己话题的含义，做到能简练、扼要、明确地向上级汇报，如果有些问题需要请示，自己就应有两个以上的方案，而且能够向上级说明各方案的利弊。这样，有利于上级作决断。顺便一提，只有一个方案是不明智的，因为没有选择余地，为此，你事前应当做周密的准备，弄清每一个细节，随时可以回答。此外，如果上级同意了某一方案是最好，事后你立即把它整理成文字再呈上，以免日后产生理解上的分歧，造成不必要的麻烦。

（5）正确汇报事实的真相

反映情况要真实，要正确报告事实的真相，这是相当关键的，这不仅有利于领导做出正确的决断，也直接影响到领导本人的威信。有许多部门上下级、同级之间发生纠纷，就是因为某些人向上级报告失实而造成的。美国一位广告大王布鲁贝克在谈起他年轻时的一件轶事时说，一次他所在公司的经理问他，印刷厂把纸送来没有？他回答送过来了，共有五千令，经理问："你数了吗？"他说："没有，是看到单上这样写的。"经理冷冷地说："你不能在此工作了，本公司不能要一个连自己也不能替自己反映清楚情况的人。"对于自己没有把握的事情不要说，自己没有做过的事情，不能说做得很圆满，这样反而使上级反感。

让上司赏识自己

公司的高级经理或老板是否知道你是干什么工作的？并对你有较高的评价吗？大多数人都认为，只要自己表现好，工作好，迟早会传到上司耳中。可惜情况往往不是这样，很可能你工作相当出色，而别人根本不知道。

因此，我们不仅要做得好，也要能说得好，这样才能得到上司的赏识。那么，怎样说才能得到上司的赏识呢？

（1）把荣耀留给上司

这是应付上司最有效的方法。在其他公共场合指出上司的优点，凡事让他知道：有了成绩不忘告诉同事和更高的领导，这也有上司的一份功劳；开会有上司在场时，一定不要临时搬弄新资料，应事先将资料告诉上司，由他自己提出来；不要把计划书和盘托出，要保留上司发表意见的余地。总之，处处让上司感觉到他的尊严与重要。

（2）向上司传递员工情况

大多数上司都希望对部下各方面情况有所了解，如某人的母亲生病住院，某天是某人过生日等等。上司了解这些情况后适度表示关怀可增加员工的亲近感。值得注意的是，上司所需要了解的不是你对某人恶意攻击或揭其隐私，也不是叫你向他打小报告。与上司谈到同事的时候，只能谈论同事的长处，这样才有助于你和同事之间建立良好的关系，也让上司看到你为人的正派可信。

（3）不要打听上司的隐私

上司通常会在员工下班后独自在办公室呆坐，上司也是人，在面对工作压力时同样会感到心情压抑，对家庭生活也一样会有一本难念的经。上司有时会表现出脆弱，同样希望得到别人的抚慰。但如果你就此肆无忌惮地探问其隐私，甚至为其出谋划策，那就是马屁拍在马腿上了。要知道即使上司最脆弱时，他也只是寻求适度的关心，就算是一杯热茶足以让上司认为你是一个善解人意的好下属。你还可以给上司随意讲出一个令人捧腹的笑话，开解他郁闷的心结，他会出自内心感激你。记住，真正热爱你的上司，出发点应是爱戴而不是利用。

（4）多干事、少巴结

尽管许多上司从不反对下级讨好奉承，但他们更喜欢那种工作踏实、作风正派的人。如果你把上司交待的每一件事都办得井然有序，然后再说几句上司爱听的话，比起那些只会吹牛拍马却不干实事的人，上司更希望接近你这样的下属。

在与上司相处时，你要勇敢地迎着上司的目光，而不要躲躲闪闪；你可以坦率地与他交换看法，只需做到不隐瞒不夸大就可以了；从不议论上司的隐私，并尽己所能努力工作，争取成为其最佳的部下。做到了这些，还愁上司不赏识你？

意见与建议的微妙效果

面对上司的不合理要求，许多人都是一筹莫展，不知道怎样化解。这里为大家提供一些有效途径，仅作参考。

（1）兼并上司的立场

李先生是一家网络公司的总经理助理。他的顶头上司王总是搞学术、技术出身，由于工作重点长期放在学术研究问题上，因此对企业管理他是个门外汉，但出于对技术的钟情与他所处的职位，王总对于技术部门的事总是亲自过问，把管理层的体系搞得一团糟，其他部门虽然当面不敢说，但私下里却议论纷纷。因此，李先生与其他部门的沟通协调极为不顺。

经过一番思考，李先生决定采取行动，向顶头上司王总提出自己的建议。

他对王总说，真正意义上的领导权威包含着技术权威和管理权威两大部分，王总的技术权威在公司是有目共睹的，而管理权威则相对薄弱，有待加强。王总连连点头，并陷入了深深的沉思。

这里李先生巧妙地运用兼并策略从而使王总改变了立场，并获得了成功。后来，王总果然将更多的精力投入到人事、营销、财务的管理上，企业的不稳定因素得到有效控制，公司运营进入了一种良性循环，李先生的管理权威也得到了巩固。

从李先生的经历，我们可以得到一个启发：兼并上司的立场，的确不失为向上司提意见的上上之策。首先，它不是从正面排斥上司的观点，而是站在上司的立场上考虑问题，最终是为了维护上司的权威，出发点是善意良性的；其次，这种策略属一种冷处理方式，不仅没有伤及上司的自尊，也容易被上司接受，效果显著；另外，使用这种策略的人需要具备较强的综合能力及很高的社会修养，并不是任何人都能够针对不同情况兼并上司的立场。在兼并上司立场的同时，自己个人的领导能力亦会随之增长，甚至来一个突飞猛进。

（2）将"意见"转化为"建议"

选择适当的时机向上司提"建议"，值得注意的是它不仅要包括你所提出的意见，还包括解决问题的方案。

首先，在向上司提建议时，要选择适当的时机，这里主要照顾到你的上司的心情。记住你的上司也是个平常人，当他公务缠身、心情郁闷时，即使你的建议再好，再具建设性，他也不会听进去。

其次，你在与上司谈话时应密切注意对方的反应，你可以从他的面部表情及身体语言所传达的信息，来迅速判断他是否接受了你的观点，并根据当时的话题适当地举例说明，使你的建议更具有说服力。

最后，你必须注意说话的态度，你要从言语上表现出对上司的尊敬，恰如其分地表达出你的意思。也许对方并不完全认同你的观点，但是他会因为你的坦率和诚意而乐于听你的建议，他认同的是你这种个性的人。

（3）限用一分钟说完

如果你需要向上司提意见，你认为时间多长比较合适？

大多数上司都很难接受冗长的意见。争取在1分钟内说完你想要说的话，这样，上司就会觉得很愉快，比之那些较长的意见来更"有理"，也比较容易接受。反之，假如他不认同你的意见，也不会因为你浪费他过多的时间而对你表示厌烦。

（4）相信否定也是意见的附属品

假如向上司提意见立即就能获得认可，那是最好不过了。不过，一般情况下，上司还是很"顽固"的，并不是那么好说服。毕竟你是在向上司提意见，是否接受你的意见他当然需要慎重考虑。

许多人一旦建议不成，或是被上司以"我不赞成"、"这不合适"等驳回时，往往心灰意冷。其实，因为一两次的意见不被接受便放弃自己的观点是一种愚蠢的做法。既然决定向上司提意见，就应该相信"否定也是意见的附属品"的观点，要有勇气和心理准备接受对方的否定。当然光凭做到这一点还远远不够，还应该在你的意见的内容上、方式方法上下功夫。

首先在内容上要言之有物。既然是提意见就要把自己的意见完整、清晰地表达给对方。因此，你必须以大量的数据材料作铺垫，使意见站得住脚。否则一旦被上司问得张口结舌，就变成上司向你提意见了。

其次，意见的内容无懈可击的前提下，还要讲究提意见的方式方法。向上司提意见本来是件好事，但如果过于"热心"，会使自己"冲"过头，反而成了一种负面影响，此刻，上司还会接受你的意见吗？因此，在给上司提意见的时候，千万不要过于自作主张而忽视了上司周遭的人际环境以及时间安排。

"企图往高处爬的人，应该踩着谦虚的梯子。"这是莎士比亚的名言。对那些希望自己的意见被上司接受和认可的人，这句话同样适用。

影响升迁的语言障碍

习武之人追求练就一身刀枪不入的硬功夫，比如"铁布衫"之类的，然而，不管你的武功是否达到登峰造极的地步，都会不可避免地留下一两处会被人置于死地的穴道，这就是武林中人最为看重的命门。命门不被人发现便罢，一旦暴露出来，便有性命之忧。那么作为职场中人，你的办公室功夫又练到了什么地步？若有以下的情形出现，多半是命门暴露，虽无性命之忧，却有前程之危矣！

（1）过分谦虚

假如你深信在办公室里剖析自己是一种正确的做法，从而让上司有了你有待完善的印象实在是再可怕不过的。这往往是因为你过于自信，自我感觉过好的缘故。更可怕的是，碰到一个对你的命门深恶痛绝的上司，那就有你好看了，把你拒之门外，再让你修"内功"也说不定。

（2）夸大自己的才能

一些办公室女性由于对自己缺乏信心，于是以王婆卖瓜自卖自夸的形式来扩大自己在同事中的影响，或以自吹自擂来引起上司的注意。懂得证明自己价值的女性固然可敬，但是如果你推销自己的方式不对，那么肯定会给同事和上司留下不好的印象。在与你相处的过程中，别人会因为你的自吹自擂而忽视你的其他长处。实际上，这样的做法往往暴露了你的弱点，别人会认为你是用吹嘘来给自己壮胆，在他的眼中这是你缺乏自信的表现。上司对你的评价也会大打折扣。

（3）"哭泣游戏"的结局

有专家认为："一个人在办公室的信誉，至少有50%来自他在人前的表现。"

这表明你在上司或同事面前的表现与你真实的工作能力同样重要。任何不专业的表现如脸红、哭泣，甚至不谐调的衣着，都会影响你的专业形象。

专家们告诫我们：在工作场所上演"哭泣的游戏"，那只能表示你注定要失败，如果你在老板面前因为工作而泪眼汪汪，证明你缺乏处理工作压力的应变能力与心理素质，更令人怀疑你无法代表公司的形象。

专家们认为上司不是你的父母，更不是你的心理医生。所以假如你有失态之举，应该做两次深呼吸，再说一声抱歉，然后立即恢复常态即可。

（4）管不住自己的嘴

在轻松的工作氛围中，上司总希望下属各抒己见对他提出合理的方案。如果在所有的会议上总是持反对意见，那么无疑给大家的热情泼一瓢冷水，这样，再开明的上司也不会容忍你的所作所为。所以，如果你是个天生的"反对派"，在这种场合学会保持冷静，如果你没有足够的理由，最好别置身于别人的对立面，须知此刻你的命门已经暴露于外，你的处境相当危险了。

坦然接受上司的批评

在工作中受到上司的批评和指责是难免的，认真、正确地对待上司的批评和指责很重要。

接受批评是最好的借鉴。无论上司出于何种动机，也不管他选择什么样的场合，更不必计较所采用的方式和言词，只要他愿意而且能够对我们提出批评，我们就都应该看成是一种可贵的指导和帮助，愉快地接受下来，转化为自己的认知行为，这是一个最基本的原则。

（1）正确对待批评和指责

对上司的批评和指责，有些人之所以流露出羞怯、委屈、抱怨、抵触、愤怒、丧气等不正常的情绪，就是因为他们并不了解或理解这种批评和指责对自己究竟有多么重要的意义。当他真正明白了自己从中可以获得许许多多的好处时，就一定会心安理得，坦然受之。

当然，接受上司的批评指责，应当加强这方面的锻炼和修养。脸皮切不可过薄，不然对一点小小批评就忧心忡忡，无地自容，那么批评作为借鉴的目的就无法达到。不过，脸皮也不能太厚，以至于不知道我们的言语行动有哪些是上司所不喜欢的，那样就可能会更加激怒上司，自己也无法从中获得进步。脸皮既不太薄，也不能太厚，我们要利用上司的批评实现自己的目的，就必须能够把握住这个度。

（2）避免直接提出批评意见

对上司心理、行为中表现出来的错误倾向给予批评和纠正，这是下属关心上司、对上司负责的一种表现，也是下属是否合格、称职的一项重要评判标准。

但必须注意，在对上司提出批评意见的时候，一定要牢牢记住他的地位和身份，选择最恰当的方式、方法，既指出他的错误，以寻求改正，又轻易不能损害到他的自尊角色，哪怕是无意的也好。

（3）不要产生分权均利的思想

上司手中的权力，是因其地位而决定了的，是地位、荣誉的象征及获取方便和利益的资本，而他在工作中、生活中所享受的某些优厚待遇及具有各种便利条件也是与其职务、地位相辅相成的，是权力的天然伴生物。对于自己手中的权力，任何人都是加倍看重和全力维护的，总怕一不小心就会给别人夺去。这种谨慎态度形成了他们的一种奇特的认知心理，认为凡是下属都有一种侵夺其宝座的企图，所以作为下属，正确的方法应该是向上级阐明自己的立场、观点，消除他对你的戒备，与上级取得一致意见。

明确立场

为了自身的利益，向领导妥协让步是必要的，对于领导的指责批评，应当诚恳虚心接受，但是，也不能不分青红皂白，一古脑儿接受。一味盲从地全盘接受，实际上是懦弱无能的表现，必要时要进行辩护，不要忍气吞声。

辩解的困难在于双方都意气用事，头脑失去了冷静。所以过于紧张和自责，反而会使场面更僵。因此越到这类棘手的对立关键时，更应该积极辩明，明确责任。其要点大概有四个：

①不要畏惧。不必害怕声色俱厉的领导，越是嚷得凶的领导，往往心越软。

②把握时机。寻找一个恰当的机会进行辩解也很重要。

③自我反省的事项要越简单明了越好。不要悔恨不已，痛哭流涕，不成体统。越把自己说得无能，反而会增加领导对你的不满。还是适当点一下为好但要点到本质上，说明自己对错误已经有了足够的认识。

④辩明应该越早越好。辩明越早，则越容易采取补救措施。否则，因为害怕领导责骂而迟迟不说明，越拖越误事，领导会更生气。

当然，对于领导的指责，适当做点辩护是无可非议的，但要讲点技巧，不要硬碰硬地去顶撞。应做到既不冒犯领导，又达到了个人目的。现在向你介绍几个辩护技巧：

第一，辩护时别忘了站在对方的立场上讲话。上级指责下级，当然是出于自己的观念。如果下级不了解这一点，一味认为自己受了冤枉，因而站在本身的立场上拼命替自己辩解，这样只能越辩越使领导生气。应该把眼光放高一点，站在对方的立场上解释这件事，则容易被接受。

第二，辩解时不管是何种情况，都不要加上："你居然这么说……"任何人都有保护自己的本能，做错事或和旁人意见相左时，便会积极地说明经过、背景、原因等。但在领导看来，这种人顽固不化，只是找理由为自己辩护罢了。

第三，道歉时不要再加上"但是……"。这种道歉的话，让人听起来觉得你好像是强词夺理，无理搅三分。道歉时，只要说："对不起！"不必再加上"但是……"如果面对的是性格坦率的领导，或许就可以化解延续此事的距离。当然该说明的时候仍要有勇气据理力争，好让领导了解自己的立场。

善于与各种上司打交道

（1）暴躁型的上司

有些人天生脾气暴躁，情绪容易失去控制。这些上司常常为了一些小事而大发脾气，甚至公开斥责下属，叫人难受极了。

据心理学的推断，经常令下属惊怕的上司，只是权力欲作祟而已，你没有可能请他去见心理医生，可以做的，就是自我保护了。当上司大发雷霆，不要推卸责任或试图解释，冷静地说："我会注意这情况。"或"让我立刻去调查！"然后离开办公地方。既然目标物已在眼前消失，上司就没有咆哮的对象了。

（2）集权型的上司

集权主义的上司除了对下属的工作吹毛求疵外，最叫人讨厌的是他们会如暴君一样，连你的私事也过问。例如，不准你跟其他部门的同事交往，不准你下班后去上英文课，不准你业余时间与同事一起消遣……如果势孤力弱，精明的做法是与其他同事联合起来，静静地革命。遇到有其他部门的同事邀约午膳，答应他们，并与你的搭档们一起赴约，大家在公在私，都不妨交流一下。还有，下班后去娱乐一番亦是一个好主意。而且礼尚往来是必须的，就由你来作主动吧。要是上司知悉，向你查问，可以直认不讳："我们一起吃午饭只属普通社交。"

充实自己是最厉害的武器，所以切莫放弃业余时间修读课程，上司根本无权反对；坚持原则，即使上司利用超时工作来制裁你，也不必惧怕。不过，你反抗的目的只是要争取自由和主动，而非在公事上与上司作对，而且不宜在其他人面前批评上司的集权，以免有后遗症。

（3）摆款型的上司

摆款，意即"摆架子"。很多春风得意的上司都喜欢"摆款"。很不幸，你的一位新上司是"摆款"祖师，叫同事们十分看不顺眼，却又敢怒而不敢言。

聪明人肯定明白，跟上司作对只有吃亏的份儿。然而，采取"拍马屁"政策也是不切实际的，因为需要看你的运气。大部分人都喜欢戴高帽，要讨上司欢心自然不困难。问题是，大公司的权势往往瞬息万变，你盲目拍上司的马屁其实并不划算。那么，是否要做"言听计从"之人？其实，尽量迁就对方，却以不违背你做人原则为准，就很足够了。事实上，尊敬上司、服从上司和努力工作，是每一个白领的必要条件，太强迫自己去做不喜欢之事，倒是不必的。

（4）懒散型的上司

努力工作，出色表现，目的就只有一个，希望一朝获得上司赏识。但令你气恼的是，遇上一个懒散不已，又喜争功劳的上司，叫你一万个不服气。就此打退堂鼓，另谋他职，只属消极之法，而且一切从头开始，等于打仗重新布阵，太浪费弹药了吧。同时，一遇困难就退缩，注定你难登成功阶梯。挺起胸膛，面对挑战吧！一般而论，这类上司在接到重大任务时，必然是不假思索就交给你去实行。当任务大功告成，他又会一手接过，向老板交代，将你的辛勤汗水抹煞，一切当作是自己努力的成果，争取老板的信任和赞赏。

你当然不可能当面拆穿他，跟他理论，这只会陷你（因你是下属）于不利境地。比较理想的做法是，在每一个步骤进行时，请来一个见证者。当然不是公然的去找，而是有意无意，例如在秘书小姐面前进行，目的是要有人知晓整件事的来龙去脉。即使最终的功劳给上司夺去，在公司里也必然有人晓得真相，一传十，十传百，你的目的就可达到。

（5）不体谅下属的上司

你有一位见高就拜、见低就踩的上司，做事缺乏责任心，不会体谅下属，又疑心大，教你满腔俱是怨言。记着，千万不能向其他部门的同事诉苦，指出上司的不是，所谓"家丑不可外传"。何况，这些同事可以帮上什么忙呢？你给他们提供了一个上佳谈资，那只会让事情扩大，对你绝没有好处！想一下，老板会用个背后中伤上司的员工吗？即使是搭档，你也不能吐露一句怨言，以避免因为利害关系而白白给人告密的机会。就是对方先诉苦，你也保持缄默好了。

那么，怎样将自己的不满宣泄才对呢？向上司直接表态！不过请先分析对方的性格和预计其反应。对思想保守、自尊心强的人，切勿开门见山，只能婉转相告。若对方比较开放，胸襟较宽广，不妨相约一个时间，将你的心中话一一坦言，相信不难找到一个解决办法。

（6）爱戴高帽的上司

你的上司是个不折不扣的"高帽王"，最爱别人给他戴高帽，一听了赞美之词，就眉开眼笑，什么都好办。偏偏你拒绝作阿谀奉承之词，但眼见有好些同事因为精于此道，已经升职的升职，加薪的加薪，平步青云，恨得你牙痒痒。除非是另谋高就，否则你仍得面对这位上司，如何才能两全其美，既受到上司器重，又不必违反自己原则？其实，赞赏别人不是一件困难的事，也不一定是虚伪的，问题是要有的放矢。每个人都必有其长短处，只需"隐恶扬善"，加一些善意，用词夸张一点就可以了。这样，既不违背良心，又能令对方高兴，何乐而不为呢？但你得记着，说话时不要矫揉造作，一切就自然得多，

（7）公私不分的上司

有不少人喜欢玩弄权力，公私不分。偏偏你就遇上这样的上司，常常要你替他做私事，叫你十分气愤。你要做的就是巧妙地拒绝他，但以不影响你的前途为前提。

记着第一要说"不"！例如上司让你替他女儿写读书报告，你肯定一万个不愿意，就告诉他："对不起，我帮不上忙。"如果他在下班后让你去做，事情就更好办，搬出这样的理由："因为我今天晚上有约会，

不能迟到!"翌日，他再次请你做，你可以找个相宜的理由，一而再，再：而三，他就会知难而退，又奈何你不得。若这事发生在工作时间内，你的理由更多，说："我手上还有三个报告书要写，老板说一定要今天作完!"或者"我从来未写过读书报告，何况我又有一大堆工作。"

（8）顽固型的上司

对你来说，上司是否是一个不可理喻的人。不管你如何努力向他解释自己的处事方法，他一概不理，指定要你依照他的方法处事。只要是违逆他的意思，他便暴跳如雷，令你精神紧张，心烦意乱，对工作感到厌倦，甚至想过以辞职作为无声的抗议，逃避上司的"迫害"。

怎样才能令这种顽固的上司改变性格，事事愿意聆听你的意见，大家好好合作？以下有些忠告，你需要辅以耐心，按部就班一一尝试。

①不要以为自己的处理方式及建议一定正确，你与上司谈话时语气须温和、态度客观，不妨多做让步；

②人人都有自己的意见，但是殊途同归，大家都是把公司的利益放在首位。与上司和平共处，使分歧的意见得到协调，是你的职责；

③当你提出自己的要求建议时，首先冷静地想想：究竟是谁需要谁的从旁协助？谁是主？谁是副？

④在环境许可的情况下，尽量避免在办公室跟上司展开激烈的争辩，应该在下班后请他到附近的餐厅喝杯咖啡。在轻松的环境下，把你的看法委婉地提出来；

⑤你要专心聆听上司的说法，避免抢先表达自己的意见。他可能也有难言之隐，你应该学习替人设身处地想一想；

⑥摒除成见，不要以为上司必定是个难缠的人，尽量与他成为好朋友。

第二节 在同事朋友面前该这样说

尊重朋友的意见

我们常看到，许多人因为喜欢表示和别人意见不同而得罪了许多朋友。所以，常常有些人总是劝人不可以在意见上与人作对，与人冲突。这种看法，其实是很片面，很肤浅，而且也是不老实的。无论一个人，多么爱面子，除了极少数的极愚蠢的极狂妄的人外，几乎每一个人都更喜欢忠实的朋友。不信你就试一试，如果你认识一个人，如果你对他的每一句话都随声附和，没有说一个不字，第一次见面他也许很高兴，但不久之后，他就会觉得你完全是一个滑头的人。处处都随声附和的应声虫，是没有人看得起你的。

那么，你会问：怎么样才能对人老老实实表示自己的意见，而又不会得罪人呢？

有没有办法解决这个问题呢？

有的，很简单的办法，同时也很有道理的办法。

首先，你要明白一件事实，你只要细心观察社会和人生，你就会发现只要你的办法是对的，向别人表示自己的不同意，不但不会得罪人，而且有时还会大受欢迎，使人有"与君一席话，胜读十年书"之感。

你要知道，得罪人的不是你的意见本身，而是你对别人意见的态度。如果在你表示不同意时，把自己的意见看作绝对是对的，而别人的意见简直是愚蠢幼稚、荒诞无稽，那你就伤害了朋友的自尊心，而且还是伤得很厉害。

因此，你只要遵守一个铁的原则：在你表示自己的意见的时候，你要假定自己的意见也可能有错。你不要强迫人们立刻相信你的意见，你要容许他们有充分的时间来考虑你的意见，而且还要供给他们考虑你的意见的根据。若要朋友和你自己一样地相信你的意见，你必须提供给对方相当充分的资料，叫人足够相信你的意见，既不是盲从，也不是武断。

在这同时，你还要表示愿意考虑别人和你不同的意见，请对方提出更多的说明、解释和证据使你相信。你要表示，假使对方能够使你相信他的意见，那么，你就立刻抛弃你自己原来的看法。

这样，一方面老老实实地说出自己真正的看法，一方面又诚诚恳恳地尊重别人的意见。这样才是最理想的互相交谈方式。

有的时候，如果你自己的看法和众人的意见相差太远，你可以事先做这样的声明："也许这是我的偏见。"或者再加以补充，说："我希望我的意见能够和大家一致。可是目前我还没有得到足够的理由这样做。"

许多人在众人面前，常常没话可谈，就是因为他到处都遇到和自己不同的意见。如果他一方面不愿意随声附和自己不同意的意见，一方面又怕说出自己的意见会"得罪人"，那么怎么办呢？那当然只有不说了。

让朋友也说两句

你应当注意，即使是一个很好的题材，朋友听了很感兴趣，但是说话时也要适可而止，不可无休无止，说个没完，否则会令人疲倦。说一个题材之后，应当停顿一下，让别人发言，若对方没有说话的意思，而整个局面由于你的发言而人心向你，这个时候仍必须由你来支持局面，那么，就必须要另找新鲜题材，如此才能引起大家的兴趣并维持其生动活跃的气氛。

在谈话当中，朋友的发言机会虽为你所操纵着，但是，在说话过程中，应容许别人说话，有别人说话的机会，更好的方法是找机会诱导别人说话，这样气氛更浓，大家的兴致更高，朋友之间也更融洽。当说到某一细节时，可征求别人对该问题的看法，或在某种情形时请他试述自己的见解，务必使对方不致呆听着，才不失为一个善于说话的人，不失为一个明智的人。

如果你的话题转了两三次，而别人仍没有将说话机会接过去的意思，或没有主动发言的能力，应该设法把谈话在适当的时候结束。即使你精神好，也应该让朋友休息。自己包办了大半个发言的机会，是不得已时才偶尔为之的方法。千万不要以为别人爱听你自己的说话，就不管别人的兴趣与否随便说下去，那么，就是违背了说话艺术之道。

朋友间最好的谈话资本，是有朋友的话在里面。那种看来不爱说也不爱听的人，常常坐在一个角落里，吸着香烟，当他偶然听见另外一些人哄堂大笑时，也照例跟着一笑，但是，这种笑显然是敷衍的，因为那种笑容随即就收敛了。他的眼光已经移到窗外的墙壁上或者是其他的目标，这种人不会单独来看你。你要明白，这类人或因年纪小，或是学问兴趣较高，而时下在座的其他人比较市井俗气一点，谈天说地，问题无非是饮食男女、金钱美色，或出语俚俗，言不及义，使较有修养的人望而却步，所以，他才独自躲在一角。

对这种朋友只要你知其症结所在，你便可以在几句谈话中探得他的学问兴趣如何，然后再和他谈论下去，这样便很自然引开谈话内容。只要你恰当地提一些问题，就可以保持着一个增长你学识的机会，他见你谈吐不俗，在这举世混浊中，一定会引你为知己，如此一来，僵局就打开了。年纪较大或较小的一类，因年龄差距大，社会经历、生活经验不同，因而兴趣不同，趣味也无法相投。所以可以采用上述方法来打开话题。

主动和朋友说话

要想你的话能发生灵效，你必须先竭力使你的话确有一吐的必要不可，说话中除报告一些事实，还要表明对这些事实的态度。

说话成功的人，大都是富有活力和精神抖擞的人，他具有超越的爆发力，把他内心的情绪爆射出来。倘若你因为害羞，不敢和人交往，不敢和社会接触，那是多么可惜的事。因为畏怯是可以征服的，害羞是人类的一种心理现象，是人类特有感情，这种心理和感情，是可以纠正，而且也是必须铲除的。

如果你觉得害羞，只要有耐心去纠正这种现象，并不是一件困难的事，倘若把自己关在屋子中，对着镜子说话，深信你一点也不觉得害羞，一点也不觉得难堪，这又是为什么呢？可以这样地说：身体上你是没有什么毛病，可是你没有发展社交能力，所以你在人群之前，会感到内心的不安，你假如有这种现象，应该鼓起勇气慢慢与朋友一次再一次地交谈，虽然开始谈不好，也不用灰心，反正老朋友之间是不会计较的，说话的能力是可以慢慢培养出来的。

有良好的口才，说话流利，是会使你所说的话发生良好的效果。要使口才好，说话流利，首先应克服害羞的心理，那些具有滔滔不绝口才的人，只要一开口，许多朋友都会过来围住他们，好像他们都是人生最好的伴侣，不愿意轻易离开他们，这是多么值得我们羡慕啊！一个有善辩口才的人应当明白，这并不是天赋予的特种权利，这种天才也并不难造就，一分天才，九分努力，倘若还觉得有些怕见人，有一种克服这弱点的办法，当你在路上行走的时候，可故意走到某家商店前，向售货员问一声现在是什么时候，或是故意走到警察局问某街路怎样走法，你尽可试验一下这种方法，它一定可以增加你多与人们交谈的勇气，减少害羞的心理。

我们常见许多会说话的人，真是值得我们钦仰，一开口，仿佛像江河里的流水，滚滚不绝，但另一部分人，常是讷讷不能开口，一句话要说大半天，还是辞不达意。这究竟有什么分别呢？其实，原本生来的口才并不分高低，只是由于后一部分人缺乏积极进取的勇气与精神，以致他们只得退步。从这件事，我们可以想象勇敢在任何时代、任何民族中都是值得尊崇的。所以，你不要顾虑脸红心跳，你应当向大家开口说话，你总不能只听别人的讲话，你总不能让人家把你当作一个没有感应的木偶，你应当勇于忍受一切难堪，鼓起你的决心，主动和朋友说话，那么，不久之后就可以成为滔滔不绝、能言善辩的人。

朋友间少讲客套话

假若你到一个朋友家里，你的朋友对你异常客气，你每说一句话，他只有"唯唯"而答，每和你说话时，总是满口客套，惟恐你不欢，惟恐开罪于你。如此一来，你一定觉得如针芒刺背，坐立不安，终于逃了出来，如释重负。

这情形你大概经历不少，同时你就得想想，你如此对待过你的朋友吗？

虽然是客气，但这客气显然是给人痛苦的。开始会面时的几句客气话倒不成问题，若继续说个不停就太不妥当了。谈话的目的在于沟通双方的情感，增加双方的兴趣。而客气话，则恰恰是横阻在双方中间的墙，如果不把这堵墙搬走，人们只能隔着墙，做极简单的敷衍酬答而已。

大概朋友初次会面，略讲客套后，第二次第三次的见面就应竭力少用那些"阁下"、"府上"等名词，如果一直用下去，不在相当时间以后废除，则真挚的友谊必无法建立。

客气话是表示你的恭敬或感激，不是用来敷衍朋友的。所以要适可而止，多用就流于迂腐，流于浮滑，流于虚伪。有人替你做一点小小的事情，譬如说：倒一杯茶吧。你说"谢谢"，也就够了。要是在特殊的情形下，那么最多说："对不起，这事情要麻烦你。"也就很够了。但是有些人却要说"呵，谢谢你，真对不起，我不该拿这些小事情麻烦你，真使我觉得难过，实在太感激了……"等一大串，你在旁边听见也会觉得不舒服的，可是你自己也有这样毛病吗？

说客气话的时候要充满真诚。像背熟了的成语似的流水般泻出来的客气话，最易使人讨厌。说时态度更要温雅，不可现出急促紧张的状态。还有，说时要保持身体的均衡，过度的打躬作揖、摇头摆身作态来帮助你说客气话的表情，并不是一个"雅观"的动作。

把平时对朋友太客气的说话略改为坦率一点，你一定可以享受到友谊之乐。对平时你从来不会表示客气的人们稍为说话客气一点，如家中的亲人、你的孩子、商店的伙计、计程车司机等，你一定会收到意外的好处。

要避免过分的客气话，在一个朋友家中，这是窘迫主人的最好的利器，而当你是主人的时候，那又是最好的最高明的逐客方法。这方法的奏效，更胜于把他大骂一顿，如果你怕朋友们到家里干扰你，拼命跟他说客气话好了，临走勿忘请他有空再来，你知道他决不会再来的。

前面说明太多的客气话使人不愉快。现在，来讨论说客气话应该注意哪些事情：

第一，缺乏真诚的刻板的客气话，必不能引起听者的好感。"久仰大名，如雷贯耳。""贵号生意一定发达兴隆。""小弟才疏学浅，一切请阁下多多指教。"……这些缺乏感情的，完全是公式化的恭维语，若从谈话的艺术观点看来，是非加以改正不可的。

第二，要言之有物，这是说一切话所必具的条件。与其泛说"久仰大名，如雷贯耳"，毋宁说"阁下上次主持的冬季救灾义演晚会成绩之佳，真是出人意料"等话，直接提及他的著名工作。至于恭维别人生意兴隆，不如赞美他推销产品的能力，或赞美他的经营手腕。请人"指教一切"是不行的，你应该择其所长，集中某点请他指教，如此他一定高兴得多。

朋友面前不自吹

爱自我夸耀的人是找不到好朋友的，因为他自视甚高，睥睨一切，不大理会别人的意见，只会自己吹牛。他一心只想找那些奉承和听从他的朋友。人们对这种人是尊而远之、惟恐避之不远。这种人如果让他做生意，他觉得没有人比得上他；如果他是艺术家，他就以为自己是一代大师。凡是有修养的人，必定不会随便说及自己，更不会夸耀自己，他自己很明白，个人的事业行为在旁人看来是清清楚楚的，没必要自己去说。

请你不要自吹自擂，与其自己夸耀，不如表示谦逊，也许你以为自己伟大，但别人不一定会同意你的看法，自己捧自己，决不能捧得太高，好夸大自己事业的重要性，间接为自己吹嘘，纵使你平日备受崇敬，听了这话别人也觉得你没品位。

千万不要故意地与人为难，有的人专门喜欢表示自己和别人的意见不同。如果你说这是黑的，他就硬说这是白的，但是，如果下一次你说这是白的，他就反过来说它是黑的，这种处处故意表示自己与别人看法不同的人，和处处随声附和别人的人一样，都是不老实，被人看不起，甚至被人们憎恶，是不忠实的朋友。说话是帮助你待人处世的一种方法，说话的本身并不是我们的目的，没有人愿意做一个口才很好而到处不受人欢迎的人，不要为了要表现你的说话口才而到处逞能，惹人憎恨，口才一定要正确而灵活地表现，而不是为了自吹自擂，借以宣扬自己。

听了对方说话之后，发现其中有一点与自己的意见不同，立刻就提出异议，而对方一听就也立刻以为自己的意见全被否定了，这当然是一件严重的事情。在这种场合，我们一定要记得预先说明哪一点，或者哪几方面，自己是完全同意了，然后指出自己与对方意见不同的那一方面。这样，对方很容易地接受你的批评或修正，因为，他知道双方对于主要的部分其意见是完全一致的，即使你所不同意的地方是对方的次要方面的意见。不过，你最好仍能预先表示，对于对方的看法观点是同意，即使它是最不要紧的观点。这样做，对方才体会到这是老实的表现，是真诚而又实在，并没有做违心之事，那么为什么要这样做？目的也是为了缓和双方的气氛。

不要抹煞朋友的一切意见，在做法上也要这样做，如果抹煞了朋友的一切，别人的好处一点也不承认，这样，谈话就可能不融洽，要再继续谈下去也有困难。无论你的意见和对方的意见距离有多远，冲突得多么厉害，我们要表现出一切可以商量的胸怀，并且相信，无论怎样艰难，大家都可以得到比较接近的看法，使双方不致造成僵局。

什么都可以谈，但是，在浩渺无边到处都可以航行的谈话题材的大海洋里面，也有一些小小的礁石，要留心地避开它，对于你所不知道的事情，不要冒充内行。你知道多少，就说多少，没有人要求你做一本百科全书，即使是一个最有学问的人，也不可能无所不知。所以，坦白承认你对于某些事情的无知，这绝不是一种耻辱，相反的，这是使别人对你的谈话，认为有值得参考的价值，没有吹牛，没有浮夸，没有虚伪。

对陌生人不夸耀自己的私生活。例如：你个人的成就，你的富有，或是老向别人说自己的孩子怎么怎么了不起。不要在一般的公共场合把朋友的缺点和失败当作谈话的资料，不要经常重复同样的话题，不要到处诉苦和发牢骚，诉苦和发牢骚并不是一种良好的争取同情的手段。做人的基本态度也应该这样。

诚心地赞美朋友

对朋友发出一番赞美之辞，不仅是加深友谊的成功秘诀，同时也能唤醒朋友的潜在力量，提起朋友的自尊心，从艰难困苦中超越出来。现实生活中需要赞美的场合很多，赞美对自己、对他人的影响都是积极的。赞美使对方感到愉快，自己也心境开朗。遗憾的是人们对于司空见惯的事太不注意，没有意识到他们的需要，更没有意识到你的一番赞美之辞能满足这种需要的心理，从而又不费吹灰之力得到这个人的信赖与友情。

莎士比亚说过："我们得到的赞扬就是我们的工薪。"从这个意义上说，每个人都是别人"工薪"的支付者。你也应该慷慨地把这种"工薪"支付给你的朋友。我们平时听到的最多的牢骚是什么？不是"太累了"或"太苦了"，而是"干了这么多，谁也没有说个好字"。这类似的牢骚很能说明一个问题，即人们需要得到"工薪"，而应付"工薪"的人又太吝啬了。

有人说，赞扬是一笔投资，只需片刻的思索就能得到意想不到的报酬。这话有些道理，但似乎又含有太多的实用主义的味道。赞扬不应该仅仅为了报酬，它还是沟通情感、表示理解的方式，如同微笑一样，也是照在人们心灵上的阳光。马克·吐温说："靠一句美好的赞扬我们能活上两个月。"

这里所说的赞美，是指诚心诚意、真真实实的赞美，而不是虚伪的应酬话，也不是言不由衷的阿谀之词。并不是所有人都能给人以诚心的赞美，有些人就是不肯赞美别人，他们的理由是：

①第一次与人接触，关系还比较生疏，对人家的情况不大了解，如何对人家表示赞美呢；

②有的人因为他的成就大，获得的评价很高，我们没必要当面再去

称赞一番；

③第一次与异性交往，尤其是面对一位年轻漂亮的女郎，尽管觉得她是个美人儿，可如果我嘴里说出赞美的话，人家会认为我居心不良；

④有的人太普通了，还有许多毛病，实在不怎么样。就算有点可取之处，但也不过是些琐碎、细小的事情，对这种人表示赞扬没什么意思；

⑤对于服务人员，没有必要表示我们对他们的服务很满意，因为他们做得再好，也是为了赚我们的钱。他们做好本职工作理所当然，没必要再对他们表示满意和感谢；

⑥关系要好的人，彼此间早已相知，何必还要表示赞扬？对方从不怀疑我对他的感情和信任，似乎再没什么必要表示自己对他的喜爱和赞赏，弄不好反倒显得生疏；

⑦对于领导者，我不可随便表示赞扬，因为是上司确实有值得称赞的地方，对他尽说好话，别人发现了岂不要说我溜须拍马、讨好领导吗？

许多人为什么会这样想问题？主要是因为：

第一，不理解赞扬的意义，或是主要从庸俗的角度来理解，似乎只有有求于人或巴结讨好人才会有意识地给对方戴几顶高帽子，而心地坦诚、作风正派的人不必要搞这一套；

第二，因为没有掌握赞扬的艺术，怕自己说错话，或是曾经赞扬过别人，但效果不佳，因而便误以为赞扬没什么价值；

第三，由于心理不平衡，有嫉妒心和虚荣心，便对职务和成就比自己高的人不肯赞扬，而对于不如自己的人又不屑一顾；

第四，老实巴交，为人拘谨，不好意思对别人表示赞扬，同时又顾虑别人会对自己有什么怀疑和不好的看法；

第五，只想自己需要别人的赞扬，而从不考虑别人也很需要得到自己的赞扬，尤其是有自卑心理的人，即使多少能想到别人的需要，但又觉得自己人微言轻，对别人赞扬不赞扬，无足轻重，没什么意义。

这些想法虽然不一定正确，但我们应该充分认识到，赞美使人意识到自己的价值，可以增强个人的自信心。一个人每个小成绩都能引起别人的注意，他就会有信心去尝试更艰难的工作。

善意地批评朋友

和赞美相对的是批评。忠言逆耳，良药苦口，自古已然。批评之所以被人拒绝，一般出于两种原因：其一是批评者不了解当事人的处境和造成错误的原因，使当事者感到委屈；其二是批评者采用了权威性的立场，暗示当事人行为的"笨拙"或"愚昧"性质，引起了当事者的反感。基于友谊的批评，应能避免这两种错误，讲究批评方法和批评艺术。

行动失误、办了错事的人，常有防卫其自我尊严的倾向。如果有人再以权威者的姿态出现，指责他的想法不够高明，行动不够周密，他的尊严将更感受威胁。这时防卫倾向会更增强，充耳不闻乃是极自然的反应。批评人时，切忌只顾自己一味发脾气，得理不让人，如不讲究批评的方法和艺术，其结果与初衷只会适得其反。

一次，李主任怒气冲冲地走进办公室，啪的一声将一份报告摔在秘书小王的桌上，办公室里的几个人同时都愣住了。李主任以为这是个惩一儆百的好机会，接着大吼道："你看看，干了这么多年，竟写出这样空洞无物的报告，送到总经理手中，一定会以为我们都难胜其任！以后，脑子里多装点工作，上班时间精神振作一点。"说完，他一甩手走了，把个小王晾在那儿，尴尬异常。过后，李主任满以为办公室的工作效率会提高，可事与愿违，大家都躲着他，布置工作，不是说没时间，就是说手头有要紧事。李主任这才略品出一点滋味，恍惚意识到此举不明智。我们应学会使批评更具魅力和人情味。

如果将批评寓于真诚的称赞之中，其效果可能会更好。

期末考试结束了，儿子伟伟除物理考得不好以外，其他成绩还不错。父母将儿子叫到跟前，和蔼地说："伟伟，你这次成绩进步了，我们很高兴。如果你继续努力下去的话，下次物理一定会考得和其他科目一样好。"伟伟高兴地接受了这番赞扬，同时也意识到下学期要加把劲，把物理科的学习赶上去。

试想，换一种说法，加入"但是"两个字，

"……但是，你如果加强一下物理就更好了。"这很可能使伟伟怀疑赞扬之辞原来是批评的"前奏"，因而产生抵触情绪，对他的学习不会有裨益的。

有时将批评寓于无声行动中，会更具有说服力。

有位司机介绍说：那天他开车违章被拦截，执勤人员礼貌地递给他一张卡片，他还以为是罚款单，可接过一看，上边却印着"安全行车是您和所有家庭的幸福"的字样，他感到非常惭愧，主动认了错。他说："开车十八年，执法单位这样做，真是破天荒头一回。"这种"感化"的批评更具有魅力和人情味，使人乐于改正。在批评时，应尽可能避免损伤对方的自尊心，同时宜用诚恳的态度、平静的口吻，不含讽刺意义的词句，使对方感觉到批评后面的善意和友情，他当然不会有拒绝的理由。

人们常讲："耳大有福。"这句话的对错与否，我们不去评论，不过无论在哪儿的寺庙中，佛像的耳朵通常都很大。耳大之所以有福分，那是因为这样的人常善于听取别人的意见。而我们就不同。我们常爱听悦耳之言，而对那些逆言就不想听。耳朵装的只是单一的动听之言，所以我们的耳朵就很小。孔子说："三人行，必有我师。"一个人，只要他肯学习，肯虚心听取别人的意见，不怕批评，那他一定可以从另外的人身上或多或少地学到东西。我们常讲的判断能力，正是从旁听取别人的意见，然后决定在取舍中逐渐培养出来的。

与同事进行轻松愉快且健康有益的交谈

与人交谈，是一项十分有意义的交际活动。通过交谈，可以交流思想，沟通感情，加深友谊，增强团结，促进工作，激励斗志，增长知识，开阔眼界，陶冶情操，愉悦心灵。生动活泼、轻松愉快、情趣横溢、健康有益的交谈，不仅可以达到上述目的，而且还给人以莫大的精神享受；而枯燥乏味、单调无聊、死气沉沉的谈话，只能是浪费时间，令人厌烦。那么，如何才能使交谈顺利进行、圆满成功？这就要了解交谈中的艺术。

一、端正态度，充分尊重对方

与人交谈，首先要尊重、体谅别人，对人要谦虚谨慎，诚恳率直。不要妄自尊大，盛气凌人；不要自以为是，武断专横；不要虚情假意，恭维奉承。只有这样，大家才能和谐融洽地相处，推心置腹地交谈。态度不端正，就会引起别人的反感，思想上一旦形成鸿沟，交谈就很难进行。

二、全神贯注地听

不要打断别人的发言，要让人家尽情地讲，你要恭恭敬敬地听。即使你不同意人家的看法，也不可匆忙打断他，要等他讲完再阐明你的意见。要善于听讲，要分析话中之音，做到既明白对方谈话何时达到高潮，又知道对方言谈何时接近尾声。这样，你的发言才能适时、稳妥，而无需打乱别人谈话，影响他人思路。

三、适当地发言

交谈，是一种有来有往、相互交流思想感情的双边或多边活动。参与谈话的人，不但要"听"，而且还要"讲"。听人说话，要做到聚精会神，心领神会，切不可漫不经心。与此同时，还要做出积极反应，有什么想法和感受，通过点头、微笑、手势、体态等不同方式随时表露出来；不要消极活动，呆头呆脑，无动于衷。

全神贯注地听，仅是交谈中的一个方面。谈，在某种意义上说，显得更为重要。谈的方式多种多样，你可采用任何一种：直截了当地陈述事实，提出问题，发表看法；委婉地表示不同意见，进行评论。这些方式都能使谈话顺利进行。

在交谈中，尽量少用或不用"是"、"不"、"可能"一类字眼作答，一两个字不能给人以启示和激励。要设法使别人从你的话中得到鼓励和启发，使他感到有东西可继续讲下去。但另一方面，也要防止使谈话变成长篇大论的演讲。对某一话题，你可能有很多东西要讲，但他人也可能有高见要谈，要做到使大家都有发言机会。说话要干净利落，简明扼要，发言冗长，使人烦躁。

四、跟上交谈的节拍

当话题几分钟以前已由乒乓球赛转到篮球赛，如果你再谈乒乓球赛，显然是跟不上谈话节拍；当大家正兴致勃勃地谈论篮球赛，假若你把排球赛也塞进来，显然是不识"火候"；当大家正评论球类比赛，你却谈起飞机、大炮一类风马牛不相及的东西，显然是离题十万八千里，那只会使人啼笑皆非。

密切注视谈话进行的情况，要把注意力始终集中在正谈论的东西上。只要头脑清醒、目光敏锐，只要跟上谈话的"节拍"，就不会出现那种对方需要你作答、而你却未听见的尴尬局面。

五、把握住中心话题

交谈中，不要偏离话题。当大家正议论新发明的特效药，切不要因听到有人谈他姑姑是如何服用此药而得救，你便滔滔不绝地讲起你姑姑如何如何，或讲她服用 APC 治愈了感冒。如果这样做，那就是不知不觉地偏离了谈话的主题。

六、及时改变话题

话题的转变，在交谈中占有十分重要的位置。当大家对某事似乎已详尽谈论，感到兴致索然时，就要立即转换话题。转变的方式很多，让旧话题自然消失就是其一。另一种方式，就是重提刚议论的事情，然后迅速更换话题。比方说，当大家感到对自学成才的著名作家、诗人再也没什么新东西可讲时，你可以这样转变话题："是啊，古往今来，靠勤奋自学而蜚声文坛的作家、诗人，真是举不胜举。大家也知道，自学成才的科学家、发明家更是遍及四海。"这样，大家就会重新兴致盎然地交谈起来。第三种方式，可直接突然地改变话题，而无需再说别的。"关于体育锻炼，是否就谈到这里？现在让我们谈谈外语学习吧。"或者干脆说："现在改变话题。"

改变话题，要注意"火候"，既不能太迟，又不宜过早。当话题仍然引人入胜，切不要因你感到索然无味，就谈别的东西，并强迫他人跟着你转。

七、积极弥补失言

与人谈话，失言总是难免的，特别是在心情过于激动时，更容易发生。由于一时忘记了别人的禁忌，忽略了他人的生理缺陷，忘掉了某人的不幸，有伤人家感情的话语，有损人家尊严的言词，有失人家体面的言论，都可能出现。一旦失言，就要视具体情况，采取应急措施，进行弥补。假若过失严重，但你和对方很熟，恐怕你最好说："很对不起，老×。"说完立即谈及其他东西。如果接近失言的危险边缘，要竭尽全力迅速摆脱，这时特别需要冷静沉重，莫要惊慌失措，更不要大喊大叫向人家赔礼道歉。

他人失言，你要尽力帮助补救。对于他想出来的转移话题，不但要感兴趣，而且还要带头谈论。如果他惶恐不安，不知所措，你还要迅速、主动地找个适当话题谈起来，以帮助他解脱困境。

八、适时结束谈话

一席圆满成功的谈话，总是进行到恰到好处时结束。太早，令人扫兴；太晚，使人厌倦。

第四章
强化说话水平的本领

第一节　提高表达的水平

怎样打开你的话匣子

当你遇见一个朋友或熟人的时候，不惯于交谈，那实在是一个相当尴尬的局面。为了你的快乐与幸福，谈话的艺术，是不可不加以注意的。

话题就在你身边

假如你在码头上碰见一个熟人，大家一起上船，一时没有话说，这时最方便的办法，就从当前的事物，那就是双方都同时看到、听或感到的事物中，找出几件来谈。在码头上，在船上，耳目所及，正有千千百百的事物，如果你稍为留意，不难找出一些对方可能发生兴趣的话题，也许是码头上面的巨幅的广告啦，也许是同船的外国游客啦，也许是海上驶过的豪华的游艇啦，也许是天空飞过的新型的客机啦……甚至于在对方的身上，都可以找到谈话的题材。如果他打的领带很漂亮，你可以问他在什么地方买的；如果他身上穿着"金利来"衬衫，你可以问他这种衬衫究竟好不好，和广告上的宣传是否相符；如果他手上拿着一份晚报，看到晚报上头条新闻，你可以问他对当前时局的看法。

如果你到了一个朋友家里，在客厅里看到他孩子的照片，你就可以和他谈谈他的孩子；如果他买了一架新的钢琴，你就可以和他谈谈钢琴；如果他的窗台上摆着一个盆景，你就可以跟他谈谈盆景；如果他正患着牙痛，你就可以跟他谈谈牙和牙医，关心对方的健康，往往是亲切交谈的话题。

凡是这一类眼前的事物，最容易引起人们的注意，只要其中有一样碰巧对方很有兴趣，那么，谈话就可以得到发展的机会了。

利用自由联想

当我们的交谈中断的时候，我们怎样寻找新的话题呢？

在这种时候，不要心急，也不要勉强去找，否则会引起不必要的紧张，反而什么也想不出来了。要知道我们的脑子，只要是我们醒着，它总是在活动着的。你没有要它想，它还是不停地想，由东想到西，或者由天想到地……这种作用，我们叫它做"自由联想"。

譬如说，当我们看到书桌上摆着一盏灯，我们的脑子就会从"电灯"出发，很快地联想到许多别的东西。

也许我们从"电灯"联想到"发明"，从"发明"联想到"电影"，然后是"演员"——"历史"。

这一切，都是在瞬间发生的，也许只是半分钟内的事。

如果我们继续探究就可以发现，因为我们看见一个电灯，就联想到它是爱迪生发明的，又由爱迪生想到我们看过的电影"爱迪生传"，又由"爱迪生传"想到科学影片，又由影片想到是电影明星……等，在刹那之间，我们已经有了不少交谈的题材，让我们选择。

当然，话题有时引不起对方的兴趣，但是只要我们不心急，不紧张，让我们的头脑在静默中自由地去联想，再过一会儿，我们就可能想到别的话题。

围绕着一个中心

倘若你要更进一步，不想东谈一点、西谈一点，从一个题材跳到另一个题材，要想抓住一个题材，把它谈得详尽一点，深入一点，充分一点，那么，也有一个好办法，可以帮助你的思考。

这时你就不要让你的思想自由地去联想，如果已经有个题材，可以引起对方的兴趣，那么，你就以这个题材作为中心，让你的思想围绕着这个中心，尽量地去想与这个题材有关的东西，然后再把这些有关的东西分门别类，整理出鲜明的系统。

例如，你刚刚参观过"自然艺术影展"，有了启发性的联想，已经找到一个使对方有兴趣的题材——植物。如果你想在这个题材上多停留一会儿，你就把"植物"作为中心，尽量去想与它有关的事物。

在这样做的时候，你的头脑也要保持着轻松活跃状态，那么，你就会自然地想出许多与植物有关的事物，例如热带植物，盆景，秋天植物如菊花等，就可以谈到植物的研究与栽培……

如果你的中心题材是"树"，你就可以想到风景树，花果树，著名的老树，著名的大树，与树有关的成语，以及树的各部分的用途……

如果你的中心题材是"交通"，那你就可以想到陆上交通、水上交通、空中交通以及交通工具，喷气机、火箭、太空船……

培养这种思考的习惯，那就无论任何的题材你都能把它分解又分解，分解出无穷无尽的细节，而每个细节都可以用来发展你的话题，丰富交谈的内容。

倘若把你所想到的一切结合起你个人的生活经验，那么，你交谈的内容就更真切生动了。每一个人的生活里都有许多可以打动别人的事情，倘若其中有些事情正和大家谈的题材有关，把它拿出来作为谈资，这时，交谈的内容就因为加进了个人的亲身经历的材料而更使人觉得有兴趣。

灵活地转换话题

在交谈中，灵活地转换话题也是一件很重要的事情。即使一个最好的话题也会有兴趣低落的时候，这时，善于交谈的人就懂得在适宜的时机转换话题，不使别人生厌。

转换话题有三种很自然的方法：

1. 让旧的话题自行消失。当你觉得这个话题已经没有什么新的发展的时候，你就停止在这方面表示意见，让大家保持片刻的沉默，然后就开始另一个话题。

2. 也可以在谈话进行当中很随便不经意地插入别的话题，把旧的话题打断。但不要使人觉得太突然，也不要在别人还有话要讲的时候打断它。

3. 从旧的话题往前引申一步，转换到新话题上。例如，大家正在谈一部正在上映的好电影，等到谈到差不多的时候，你就说："这部电影卖座不坏，听说有一部新片就要开映。"新片又将吸引大家的注意力，这几句话就把话题转变了，可是大家的思想与情绪却还是连贯着的，所以，这是一个比较灵活妥善的办法。

有时候，交谈本身到了应该结束的时候，即使最有趣味的谈话有时也会因为客观条件的影响，非要结束不可。这时候，你要及时结束你的谈话，让大家高高兴兴地爽快地分手，不要等待对方再三地看表，不要忽略对方有结束交谈的暗示。否则，无论你交谈内容有多么精彩，对方的心里只有厌烦与焦急，不如让交谈在兴味淋漓的时候停止。

如何累积交谈的题材

无论你多么善于及时发掘适合交谈的题材，你究竟也需要对谈话的题材有相当的积累，否则，巧妇是难为无米之炊的。

做一个现代的有文化有教养的人，至少每天应当阅读一份报纸，每月应该阅读两、三种杂志。从无线电广播里，你也可以吸收一些有用有趣的知识。你还可以去听演讲，去参观展览会，看戏、看电影、听音乐家的演奏，参加当地社区的各种活动，对于当前许多重要的事件，给予密切的注意与不断的关心。

你有经常注意这方面的修养呢？你有没有抽出足够的时候，仔细地阅读报刊和书籍呢？你有没有记住别人精彩的言论呢？你没有对现实生活中的许多重要的问题加以思考呢？

如果你日以继日，月以继月地丰富你知识的库房，那么久而久之，你就不至于在别人谈着什么的时候，你发现自己关于那方面却无话可讲。

不过，即使你真的无话可讲的时候，也不必因此而感到自卑和不安，世界上没有一个人是无所不知，无所不晓的，在这种时候，你不妨静静地坐着，仔细地听别人讲，记住他们的话，比较他们的谈话的优劣。有什么不明白的地方，设法提出适当的问题。

这样，到了第二次，又遇见同样的话题的时候，你对这方面。就不是一无所知了。

说服他人的三种方法

一、让事实说话

当一种观念进入心底很长时间时，有时外人用话语的确难以叫它改变。此时，也许只能用事实——这种最有力的武器来说服他了。

1961 年 6 月 10 日，周总理接见溥杰的夫人嵯峨浩时，了解到嵯峨浩的顾虑。嵯峨浩刚到中国，因为自己是日本人，又是伪满皇帝的弟媳，担心受到歧视。为了打消嵯峨浩的顾虑，周总理请三个人作陪，一个老舍夫人，一个是京剧名旦程砚秋的夫人，一位是照顾总理夫妇的护士。为什么请这三人？因为她们都是满族人。总理先介绍三位陪客，然后讲了我们党的政策，讲中国各族人民都有平等的地位，不会受到歧视。如果没有三位满族人在场，以事实作证，嵯峨浩未必会相信总理，未必会去除偏见，打消顾虑。

改变一个人对一件事的偏见，就要找到与他观念相悖的事实，自然而然地引进这个事实，并在时机成熟时阐述它，发挥它，使之真正成为你的有力论据。

若要改变一个人对另一个人的偏见常常要难得多。但用同样的方法也可以做到，只不过需要更长的时间，更多的坚持，也即积累更多的事实。让事实说话，让说话的声音更强大。

二、要坚持不懈

日本理研光学董事长市村清先生，想说服 M 先生购买新发明的阳画感光纸，但他听说 M 先生对这类新技术新发明一向很反感。

市村清先生细心观察，不敢得罪他，讲话很有礼貌，向他解说蓝色晒图应如何改变阳画感光纸，一次、两次……六次、七次，一再拜访。有一天，M 先生破口大骂，"我说不行就是不行，要讲几次你才了解！以后，不要再与我们制图师接触了。"

他生气了，这是有希望的事情。既然已经生气，让他情绪稳定下来就太可惜了。如此，市村清第二日清晨又去了。

"昨天跟你讲过，怎么你又来啦！"

"喔！昨天很难得挨骂，所以我又来了。"市村清先生微笑着回答，"打扰你了，再见！"M 先生一下子呆住了，而市村清先生认为已经有了反应，达到了一定效果，所以暂时以退为进。

第三天一早又去了，"早安！"四目相接触，M 先生终于被市村清说服了。

三、要重视活用数据

我们生活在数字的世界里，我们每天所见、所闻与所思的一切，几乎没有不涉及数字的。基于此，我们对数字或多或少均产生麻木或厌烦感觉。其实，这样的感觉是很自然的，因为数字只是代表事实的一种符号，而非事实本身。在说服他人时运用数字，希望你能留意下面两个要领：

1. 除非必要，否则不要随便提出数字。你抛出的数字过多，不但令对方感到纳闷而关闭心扉，而且也会令听众觉得你没人情味，因为你所关心的只是冷漠的数字。

2. 要设法为枯燥的数字注入生命，这即是说，要让数字所代表的事实，能成为一般人生活经验中的一部分。只有这样，人们对数字才感到亲切，也才能产生兴趣。举例来说，下面的第一种数字陈述方式若能改为第二种陈述方式则其影响力将显著加大：

1. "假如各位接纳我的提议，则公司每个月至少能节省 67453750 元的开支！"

2. "假如各位接纳我的提议，则公司每个月至少能节省 67453750 元的开支！从另一个角度来说，倘若这项节省下来的开支，能以加薪的方式平均分配给公司的每一成员，则每一个人每一个月的工资将增加 3500 元！"

怎样练习你的谈话技巧

如果你很难开口跟陌生人交谈，或是你觉得无论到哪里都很孤独，没有人想跟你说话，以下就是一些协助你建立自信的练习方法。你可以在任何地方、任何时间做练习。

一、练习在电梯里和人谈话

你有没有注意过，在电梯里人人皆是噤声站着、直视前方？这似乎是个不成文的规定，限制我们在电梯中彼此交谈。其实这是谁订的规矩？难道是大楼的管理办法吗？

其实，电梯提供了一个让人简短招呼的绝佳场所。只需要简单的眼神接触、微笑，同时说"嗨，今天天气真好"或"这电梯真慢"，无论什么话都能打破沉寂。这是一招零风险的练习，你大可以满怀自信地去做。因为你很明白，待在电梯里就那么一分钟，或许你永远不会再跟这些人碰面。这个点子是针对"与陌生人交谈"做简单的练习，不是叫

142

你一定要去做和人家接洽生意或是结成终身莫逆（虽然这也可能发生）。

下次你进了电梯后，可以来一个最大胆的"亮相"尝试：你不要直着走进去、立刻转身对众人——把你的背紧贴着电梯门，脸正对着整个电梯里的人。大家会以为你发神经了，但是你可以发言道："我正在上一门名'如何克服羞怯'的课，其中有一项作业就是要在电梯里练习面对众人。"我保证你博得众人一笑，而且你会充满自信地离开电梯。

二、练习长一点的会话

从今天起，请在银行或超市排队时跟别人说话。在超市结账时，你可以指着画报上的小道消息说："我前几天在一家自助洗衣店看见过毛宁。"有时候交谈也可以仅止于一声"嗨"，当然，你可能不会以这种方式找到你所爱的人或是你梦想的工作，但是经常做这种练习，会让你习惯与陌生人搭讪。

三、练习和比较不胆怯的人谈话

你可以在快递公司的收货员、邮差、接线员、承办宴会的服务生或是修车厂技工的身上，练习你的胆量和口才。这些人由于职责所在，理当很有礼貌，你可以和他们做有趣的交谈。他们和你生活中的任何人一样重要，同时也可以变成你珍贵的伙伴。

四、请尝试单刀直入的方式

为何要躲开那些胆怯的人呢？你可以大胆走向他们，说："我一直想跟你说话，但是我很怕接近你。"此语单刀直入，切入对方的自我中心，他们会无法抗拒地问你何以如此。这不仅让你开始了一段话，还是种最有效率的沟通方式，省了一堆繁文缛节。

五、练习学会去冒险

多去参加艺廊的开业典礼，并向艺术家道贺。在商场上一旦你听到什么人做了什么有趣的事，请拨打个电话给他（你可以从期刊上得知消息）。你也可以去听一场你熟悉的主题演讲，主动向主讲人介绍自己。尽量接近成功的人，向他们表达赞美恭维之意，如此就能为你开启机会之门。

六、从谈话中去寻找乐趣

生命充满乐趣，没有什么事必须严阵以待。我们生而为人，是为了要拓展自己、自由思考、全心相爱，这个过程满是乐趣。

积极把新朋友带进你的生活，其收获是让生活得以扩展。这意味着，你的生活将满是新点子、新朋友和新机会；如果你不开金口、不说一声"嗨"，是无法得到的。所以，不要害怕，勇敢地运用你的沟通潜能。

如何恰如其分地称呼他人

与人谈话，称呼是必不可少的。在社交中，人们对称呼是否恰当十分敏感。尤其是初次交往，称呼往往影响交际的效果。有时因称呼不当会使交际双方发生感情上的障碍。不同时代、不同国家、不同地区、不同社会集团之间都有不同的称呼。但也有共同的称呼，如"太太、小组、女士、先生"。

有时候，称呼别人不是为了满足自己，而是为了满足别人。遇到一位朋友，最近被提升了主任。当时就应先跟他打招呼："某主任，真想不到能在这儿见到你。"如果他听到你跟他打招呼，就会显得格外高兴，忙跑过来和你并肩坐。虽然平时他是个不大健谈的人，但那天却显得很健谈。

当瑞典国王卡尔·哥史塔福访问旧金山时，一位记者问国王希望自己怎么被称呼。他答道："你可以称呼我为国王陛下。"这是一个简单明了的回答。

最重要的是，不论我们如何称呼人，这其中最主要的是要传达这样的意思："你很重要，""你很好"，"我对你重视。"

使用称呼还要注意主次关系及年龄特点。如果对多人称呼，应以先长后幼、先上后下、先疏后亲的顺序为宜。如在宴请宾客时，一般以先董事长及夫人，后随员的顺序为宜。在一般接待中要按女士们、先生们、朋友们的顺序称呼。使用称呼时还要考虑心理因素。如有的 30 多岁的人还没有结婚，就称为"老张、老李"，会引起他的不快。对没有结婚的女人称"太太、夫人"，她一定很反感，但对已婚的年轻女人称"小姐"，她一定会很高兴。

除此之外，称呼应该根据社会习惯来进行，例如称呼一般分为职务称、姓名称、职业称、一般称、代词称、年龄称；职务称：经理、科长、董事长、医生、律师、法官、教授等；姓名称：一般以姓或姓名加"同志、先生、女士、小姐"；职业称：是以职业为特征的称呼。如上尉同志、秘书小姐、服务小姐等；一般称：太太、女士、小姐、先生、同志、师傅等；代词称：用代词"您"、"你们"等来代替其他称呼；年龄称：主要是以亲属名词"大爷、大妈、伯伯、叔叔、阿姨"等来相称；对工人：比自己年龄长的可称"老师傅"，与自己同龄或小于自己的人可称"同志、小同志、师傅、小师傅"；对农民：比自己年长的可称"大伯、大娘、大妈"，与自己同龄或小于自己的人可称"同志"；在北方也可称"大哥、大姐、老弟、小妹"等；对经济界人士：可用"先生、女士、小姐"等相称；也可用职务相称，如"董事长、经理、主任、科长"等；对知识界：可以用职业相称，如教授、老师、医生（大夫），还可以用"先生、女士、太太"相称；对文、体界：可用职务称，如"团长、导演、教练、老师"等；对于一般的演职员、运动员，就不能称"××演员"或"××运动员"而要称呼"××先生"或"××小姐"。

口才来自平时的积累

许多人以为口才只是口上之才，他们以为口才好的人，只是因为他们很会说话，而自己却是不会说话的。他们看见许多口才好的人什么都可以说，谈什么都很动听，只是因为他们的口齿伶俐，这种看法是片面的、肤浅的。固然，口才的能力是有赖于相当的训练，但口才的实际基础是建立在他们善于思考、善于观察、兴趣广泛、常识的丰富，以及强烈的同情心和责任心。没有上述所列举的基础，光是口齿伶俐，也不能成为一个口才好的人。俗话说：巧妇难为无米之炊。

追本穷源，一个口才好的人，必须经常地在观察和思考上面下工夫。他们不断地扩充他们的兴趣，积累他们的知识，培养他们的同情心和责任心。他们谈话的题材源泉是非常充实的，那你呢？是不是每天看报纸？你看报纸的时候，是不是只看看副刊上的小说消遣而已？是不是同时也很注意重要的国际及本地的新闻呢？是不是很留心地去选择节目？是不是随便听听就算了呢？你是不是选择有意义的、精彩的电影和戏剧？是不是看戏时集中精神地去欣赏它们，而不是坐在戏院里打瞌睡？

著名剧作家曹禺曾说，哪一天我们对语言着了魔，那才算是进了大门，以后才有可能登堂入室，成为语言方面的富翁。那么，我们应该怎样来具体学习、锤炼语言呢？下面介绍几种可行、有效的方法。

（1）深入生活

生活是语言最丰富的源泉。要使自己的语言丰富起来，一个闭门造车、与外面世界无接触的人，是很难如愿的。老舍曾说："从生活中找语言，语言就有了根。"这话含有很深刻的道理。比如改革开放，神州巨变，即使是村姑野叟、市井平民，也能滔滔不绝地讲述一些自己耳闻目睹的新鲜事：联产承包、农民进城、别出心裁的广告、奇形怪状的楼房、五光十色的舞厅、色彩斑斓的服装、"老九"下海、孔雀东南飞……我们就应该及时学习、了解这些方面的语言。

俄国伟大的批判现实主义作家托尔斯泰称赞人民是一班语言的"大家"。语言的"天才"，的确存在于人民群众之中。比如我们讲话常用程度副词——"特"，如"特棒"、"特靓"、"特正"、"特红"、"特香"、"特佳"……数不胜数。通常，广大群众所使用的生活用语更是数量惊人，丰富多彩，活泼动人，这一切也都是我们平时要注意的。

（2）扩大知识面

知识贫乏是造成语言贫乏，特别是词汇贫乏的一个重要原因。如果《红楼梦》的作者曹雪芹没有相应的词汇来描写贾府上上下下的规矩、内内外外的礼教，王熙凤的泼辣、干练、狠毒性格就肯定难以惟妙惟肖；如果《水浒》作者不懂得江湖勾当，不懂开茶坊的拉线、收小、说风情，及趁火打劫的种种口诀，他就不可能把那个成了精的虔婆王大娘刻画得绘声绘色。如今，人们都喜欢用"爆炸"这个词来形容某一方面的快速增长，比如：信息爆炸、知识爆炸、人口爆炸等等。改革开放这些年来，新词语铺天盖地而至，令人目不暇接，大有"爆炸"之势。语言学研究工作者李宇明先生在其《改革开放大潮下语言大变幻》一文中，信手举了如下许多例子：

交通：巴士、的士、打的、面的；

通讯：邮政专递、大哥大；

商贸：跳蚤市场、人才市场、信息市场、星期天夜市、皮包公司、倒爷；

服装：牛仔服、文化衫、蝙蝠衫、休闲衫、迷你裙、三点式、时装表演；

娱乐：迪斯科、霹雳舞、贴面舞、卡拉 OK、摇滚乐、镭射电影、闭路电视；

教育：电大、夜大、函大、委培、五大生、自费生、博士后、无围墙大学、文凭热、流失生、希望工程；

其他：特区、三资企业、第二职业、炒鱿鱼、停薪留职、打工仔、外来妹、桑拿浴、应召女郎、修长城、电脑红娘……。

甚至还有一些特别能生成词语的格式，如："××迷""××热""××王""迷你××"等，利用这些格式可以生成一大批词语。这些词语或者从国外引进，或者是时尚的创造，或者是旧词的复活。有些词语，如 AA 制、B 超、BB 机、T 恤衫、卡拉 OK，汉字与洋文夹杂，就是词典专家也被它们弄得不知所措，不知道该怎么把它们放在词典中排序。

词语是社会生活最敏感的反应器，新词爆炸反映了新生事物的层出不穷，反映了我们当今社会在改革大潮中的迅猛发展，反映了我们当今生活在开放洪流中的日新月异，我们对这些新的词语应及时掌握，学会运用。

（3）阅读名著

"熟读唐诗三百首，不会作诗自会吟"的经验之谈，是大家所熟悉的，它告诉人们要学习口头语，提高说话的技巧，就应多读名著。"穷书万卷常暗诵"，吟咏其中，则可心领神会，产生强烈的兴味。摸熟语言的精微之处，则会唤起灵敏的感觉；熟悉名篇佳作的精彩妙笔，则会获得丰富的词汇，自己演说和讲话时，优美的语言亦会不召自来，这并非天方夜谭之事。只要我们潜心苦读，勤记善想，揣摩寻味，持之以恒，就能尝到醇香厚味，如果反复地用，不断地学，久而久之就可以像郭沫若所说的那样："于无法之中求得法，有法之后求其他"了。

社交中巧妙提问

我们在社会交际中，要学会经常向别人提问。提问对于促进交流、获取信息、了解对方有重要的作用。一个善于提问的人，不仅能掌握会话的进程，控制会话的方向，同时还能开启对方的心扉，拨动对方的心弦。

要使提问达到预期目的，必须做到以下几点：

①一般提问。据社会学家的分析，任何发问都适用于一般提问方式。这种提问方式可以调动对方回答的积极性，满足对方渴求社会评价嘉许与肯定的心理。一般提问方式如果能配以赞许的笑容，效果就会更好。

②选择提问。提问要有所选择，不要提出明知对方不能或不愿做答的问题。一开始提问不要限定对方的回答，也不应随意搅乱对方的想法。

③真诚提问。不要故作高深、盛气凌人、卖弄学识，要给人以真诚和信任的印象，形成坦诚信赖的心理感应和交谈气氛，交谈才能正常愉快地进行。

④续接提问。如果一次提问没有达到问话目的，运用续接提问是较为有效的。例如，你可以继续问"你是如何想办法的"、"为什么会这样呢"，或者以适当的沉默表示你正在等待他进一步回答，使对方在宽松的气氛中更详尽地讲述你想知道的内容。

⑤因时提问。提问要看时机。亚里士多德说过："思想使人说出当时当地可能说的和应当说的话。"说话的时机，就是说话的环境。它包括两人所处的自然环境、社会环境、语言环境和心理环境。一般说来，当对方很忙时，不宜提与此无关的问题；当对方伤心或失意时，不要提

会引起对方伤感的问题；在业余时间里同医生、律师等谈话，也不要动辄请教有什么病该怎么治、或有什么纠纷该如何处理，对于这类过于具体的问题，人们在大部分情况下，往往是不愿涉及的。所以提问要像屠格涅夫所说的那样："在开口之前，先把舌头在嘴里转十个圈。"这样你的提问才能得到满意的回答。

⑥因人提问。人有男女老幼之分，有千差万别的个性，有不同的工作岗位和生活环境，有不同的知识水平和社会阅历等等，所以，提问必须以对象的具体情况为准。对象不同，提问的内容和方式自然会有所区别。

⑦适当提问。提问一定要讲究得体，便于对方回答。提问能否得到完满的答复，在很大程度上取决于怎样问。适当的提问，能使人明知其难也喜欢回答。当我们需要对方毫不含糊地作明确答复时，适当提问是一种较理想的方式。

⑧诱导提问。这种提问方式是巧妙地诱导对方说出自己的心里话，同时它也是一种"迂回"对策。

总之，提问是开启对方话题的金钥匙。提问要形象、贴切，不可生搬硬套，提问是主要，说明问题为次要，说明问题只是为提问服务。

社交中巧妙回答

有经验的交谈者在接到对方的提问后，能立即思考并选择出一个最佳的回答方案。回答对方提问时，头脑要冷静，不能被提问者所控制，对于提问能答即答，不愿回答的可以想办法回避。

回答提问有以下几种方法：

①扣题回答。这是最常用的一种回答方式。答话如果没有针对性，轻则给人留下一个很不好的印象，重则影响交往。所以，听人说话时一

定要精力集中，回答一定要有针对性。

②借题回答。巧妙地利用对方的问话，在回答提问时能收到良好效果。如果仿照和借用问话中的语气和词句，用一种出人意料的应答方法来回答，则是应付问话较为理想的办法。

③设定回答。对方的提问，有时可能会很模糊、荒诞甚至愚蠢，以至于我们很难回答。这时，我们可以分析清楚，用设定条件的方法进行回答。

④颠倒回答。回答提问时，如果将对方的语序颠倒一下，就可能成为一个与原来问句的意义截然不同的句式，如果用得好，十分有效。

⑤幽默回答。在交际过程中，一些提问如果不好直接作答，但又不能避而不答，可以用幽默回答。这样能起到很好的效果。

⑥委婉回答。交际中会有一些使人不便直说的事情，因此，对某些问题，可委婉回答，以求回答婉转而又不失礼貌。

⑦诱导回答。所谓诱导回答，就是要设法诱使对方根据自己的思想进行提问。

⑧含糊回答。回答提问要求简明、精确，但在实际应用中也有另一种情况，就是不便于把话说得太明确，这时就需要具有弹性的含糊回答。

⑨转换回答。这种方法就是故意转换自己不愿触及的话题，用另一个根本不同的内容来回答。一般来说，这种方法必须自然，要使转换的话题与原来的话题尽量有某种联系，同时还要及时。转换要抓住时机，找准借口，在对方的话题还没有充分展开之前就以新的话题取而代之。

交际中，提问要巧，回答要妙。机智的回答是高层次语言艺术境界，能使你在社会交往中左右逢源。

要说服别人，必须先透彻了解别人的意见

"知己知彼、百战百胜"这句老话，是很有道理的。战争如此，说服人也必须如此。在说服对方之前，必须透彻地了解被说服对象的有关情况，以便有针对性地进行工作。了解的内容主要有：

（1）了解对方性格。

不同性格的人，对接受他人意见的方式和敏感程度是不一样的。如：是性格急躁的人，还是性格稳重的人；是自负又胸无点墨的人，还是有真才实学又很谦虚的人。掌握了对方的性格，就可以按照他的性格特征，有针对性地工作，

（2）了解对方的长处。

一个人的长处就是他最熟悉、最了解、最易理解的领域。如有人对部队生活熟悉，有人对农村生活比较熟悉，有人擅长于文艺，有人擅长于语言，有人擅长于交际，有人擅长于计算等。在说服人的时候，要从对方的长处入手。第一，能和他谈到一起去；第二，在他所擅长的领域里，谈论起来他容易理解，便容易说服他；第三，能将他的长处作为说服他的一个有利条件，如一个伶牙俐齿、善于交际的人，在分配他做供销工作时可以说："你在这方面比别人具有难得的才能，这是发挥你潜在能力的一个最好机会"。这样谈既有理有据，又能表明领导者对他的信任，还能引起他对新工作的兴趣。

（3）了解对方的兴趣。

有人喜欢绘画，有人喜欢音乐，还有人喜欢下棋、养鸟、集邮、书法、写作等，人人都喜欢从事和谈论其最感兴趣的事物。从这里入手，打开他的"话匣子"，再对他进行说服，便较容易达到说服的目的。

（4）了解对方的其他想法。

一个人坚持一种想法，决不是偶然的，他必定有自己的理由，而且他讲的道理一般都符合国家政策、集体的利益或人之常情。但这常常不是他的真实想法，他的真实想法怕拿出来被人瞧不起，难于启齿。如果领导者能真正了解他的"苦衷"，就能有针对性地加以解决。

（5）了解对方当时的情绪。

一般说，影响对方情绪的因素有：一是谈话前对方因其他事所造成的心绪仍在起作用；二是谈话当时对方的注意力正集中在哪里；三是对说服者的看法和态度。所以，说服者在开始说服之前，要设法了解他当时的思想动态和情绪，这对说服的成败，是一个重要的环节。

凡此种种，你都要悉心研究，才能够有针对性地采取你说服的方式。

了解对方是有许多学问的。许多人不能说服别人，是因为他不仔细研究对方，不研究用适当的表达方式，就急忙下结论，还以为"一眼看穿了别人"。这就像那些粗心的医生，对病人病情不了解就开了药方，当然没有不碰钉子的。

说服别人要循序渐进

（1）想要让对方同意你的意见，第一步就是要设法先了解对方的想法与凭据来源。

曾经有一位很优秀的管理者这么说："假如客户很会说话，那么我已有希望成功地说服对方，因对方已讲了七成话，而我们只要说三成话就够了！"

事实上，大很多人为了要说服对方，就精神十足的拼命说，说完了七成，只留下三成让客户"反驳"。这样如何能顺利圆满地说服对方？

所以，应尽量将原来说话的立场改变成听话的角色，去了解对方的想法、意见，以及其想法的来源或凭据，这才是最重要的。

（2）先接受对方的想法。

例如，当你感觉到对方仍对他原来的想法保持不舍的态度，其原因是尚有可取之处，所以他反对你的新提议，此时最好的办法，就是先接受他的想法，甚至先站在对方的立场发言。

"我也觉得过去的做法还是有可取之处，确实令人难以舍弃。"先接受对方的立场，说出对方想讲的话。为什么要这样做呢？因为当一个人的想法遭到别人一无是处的否决时，极可能为了维持尊严或咽不下这口气，反而变得更倔强地坚持己见，排拒反对者的新建议。若是说服别人沦落到这地步，成功的希望就不大了。

曾经有一个实例，某家用电器公司的推销员挨家挨户推销洗衣机，当他到一户人家里，看见这户人家的太太正在用洗衣机洗衣服，就忙说：

"唉呀！这台洗衣机太旧了，用旧洗衣机是很费时间的，太太，该换新的啦……"

结果，不等这位推销员说完，这位太太马上产生反感，驳斥道：

"你在说什么啊！这台洗衣机很耐用的，到现在都没有故障，新的也不见得好到哪儿去，我才不换新的呢！"

过了几天，又有一名推销员来拜访。他说：

"这是令人怀念的旧洗衣机，因为很耐用，所以对太太有很大的帮助。"

这位推销员先站在这位太太的立场上说出她心里想说的话，使得这位太太非常高兴；于是她说：

"是啊！这倒是真的！我家这部洗衣机确实已经用了很久，是太旧了点，我倒想换台新的洗衣机！"

于是推销员马上拿出洗衣机的宣传小册子，提供给她做参考。

这种推销说服技巧，确实大有帮助，因为这位太太已产生购买新洗衣机的决心。至于推销员是否能说服成功，无疑是可以肯定的，只不过是时间长短的问题了。

善于观察与利用对方微妙心理，是帮助自己提出意见并说服别人的要素。

一般来说，被说服者之所以感到忧虑，主要是怕"同意"之后，会不会发生意想不到的后果；如果你能洞悉他们的心理症结，并加以防备，他们还有不答应的理由吗？

至于令对方感到不安或忧虑的一些问题，要事先想好解决之道，以及说明的方法，一旦对方提出问题时，可以马上说明。如果你的准备不够充分，讲话时模棱两可，反而会令人感到不安。所以，你应事先预想一个引起对方可能考虑的问题，此外，还应准备充分的资料，给客户提供方便，这是相当重要的。

（3）让对方充分了解说服的内容。

有时，虽然有满腹的计划，但在向对方说明时，对方无法完全了解其内容，他可能马上加以否定。另外还有一种情形是，对方不知我们说什么，却已先采取拒绝的态度，摆出一副不会被说服的模样；或者眼光短窄，不听我们说者也大有人在。如果遇到以上几种情形，一定要耐心地一项项按顺序加以说明。务求对方了解我们的真心旨意，这是说服此种人要先解决的问题。

对不能完全了解我们说服的内容者，千万不可意气用事，必须把自己新建议中的重要性及其优点，一下打入他的心中，让他确实明白。举一个例子加以说明，假如你前往说服别人，第一次不被接受时，千万不可意气用事地说：

"讲也是白讲！"

"讲也讲不通！浪费唇舌。"

一次说不通就打退堂鼓，这样是永远没有办法使说服成功的。

说服别人的四个步骤

有一次，卡耐基突然同时接到两家研习机构的演讲邀请函，一时之间，他无法决定接受哪家邀请。但在分别和两位负责人洽谈过后，他选择了后者。

在电话中，第一家机构的邀请者是这样说的：

"请先生不吝赐教，为本公司传授说话的技巧给中小企业管理者。由于我不太清楚您所讲演的内容为何，就请您自行斟酌吧。人数大概不超过一百人……万事拜托了！"

卡耐基认为，这位邀请者说话时平淡无力，缺乏热忱。给人的感觉，便是一副为工作而工作的态度，让人感受不到丝毫的热情，也让他留下相当不好的印象。

此外，对方既没明确地提示卡耐基应该做什么、要做到什么程度，也没有清楚交待听讲人数，教他如何决定演讲内容呢？对此，卡耐基自然没有什么好感。

而另一家机构的邀请者则是这样说的：

"恳请先生不吝赐教，传授一些增强中小管理者说话技巧的诀窍。与会的对象都是拥有五十名左右员工的企业管理者，预定听讲人数为七十人。因为深深体悟到心意相通的时代离我们越来越遥远，部属看上司脸色办事的传统陋习早已行不通。因此，此次恳请先生莅临演讲的主要目的，是希望让所有与会研习者明白，不用语言清楚地表达出自己想法的人，是无法成为优秀的管理人才。希望演说时间能控制在两个钟头左右，内容锁定在：一、学习说话技巧的必要性；二、掌握说话技巧的好处；三、说话技巧的学习方法这三方面，希望能带给大家一次别开生面的演讲。万事拜托了！"

卡耐基可以感觉到这家机构的邀请者明快干练、信心十足，完全将他的热情毫无保留地传达给了自己。更重要的是，对方在他还没有提出问题的情况下，就解答了所有的疑问。因此，在卡耐基的脑海里立刻浮现出自己置身讲台的情景，并且很快就能够想象出参加者的表情，以及自己该讲述的内容等。显然，这种邀请方式很能带给受邀者好感。

显然为了说服别人，是需要一定技巧的。其中最重要的是依循一定的步骤。

说服他人应按照什么样的程序来进行呢？大致有以下四个步骤：

一、吸引对方的注意和兴趣

为了让对方同意自己的观点，首先应吸引劝说对象将注意力集中到自己设定的话题上。利用"这样的事，你觉得怎样？这对你来说，是绝对有用的……"之类的话转移他的注意力，让他愿意并且有兴趣往下听。

为了不至于在开始时便出师不利，以下几个要点请你务必好好掌握：

①留下良好的第一印象。也就是穿着得体、以礼待人，脸上保持诚恳的微笑。

②平时多留意自己的言谈举止，绝对要言行一致。

③主动与周围的人接触，建立良好的人际关系。

④再小的承诺也要履行，记住要言出必行。

⑤不撒谎，除非善意的谎言。

⑥提高与大众沟通的能力。

二、明确表达自己的思想

具体说明你所想表达的话题。比如"如此一来不是就大有改善了吗?"之类的话,更进一步深入话题,好让对方能够充分理解。

明白、清楚的表达能力是成功说服中不可缺少的要素。对方能否轻轻松松倾听你的想法与计划,取决于你如何巧妙运用你的语言技巧。

为了让你的描述更加生动,少不了要引用一些比喻、举例来加深听者的印象。适当引用比喻和实例能使人产生具体的印象;能让抽象晦涩的道理变得简单易懂;甚至使你的主题变成更明确或为人熟知的事物。如此一来,就能够顺利地让对方在脑海里产生鲜明的印象。

说话速度的快慢、声音的大小、语调的高低、停顿的长短、口齿的清晰度……都不能忽视。除了语言外,你同时也必须以适当的表情、肢体语言来辅助。

三、动之以情

通过你说服对方的内容,了解对方对此话题究竟是否喜好、是否满足,再顺势动之以情或诱之以利告诉他"倘若遵照我说的去做,绝对省时省钱,美观大方,又有销路……"不断刺激他的欲望,直到他跃跃欲试为止。

说服前必须能够准确地揣摩出对方的心理,才能够打动人心。如:他在想什么?他惯用的行为模式为何?现在他想要做什么等。一般而言,人的思维行动都是由意识控制,即使他人和外界如何地建议或强迫,也不见得能使其改变。

想要以口才服人的人,必须意识到说服的主角不是你而是对方。也就是议论,说服的目的,是借对方之力为己服务,而非压倒对方,因此,一定要从感情深处征服对方。

四、提示具体做法

在前面的准备工作做好之后,就可以告诉对方该如何付诸行动了。你必须让对方明了,他应该做什么、做到何种程度最好等等。到了这一步,对方往往就会很痛快地按照你的指示去做。

第二节　掌握对方的心理

假装不知道

人类真是奇怪的动物，不喜欢品行端正、诚实正经的人，却喜欢充满缺点，且有许多弱点的人。分析这种心理的起因，则会发现：这种人与诚实之人相比，不易使人产生警戒心和抗拒情结。

对于缺点少又不懒散的人，纵无竞争意识，仍有人会对他怀有嫉妒、反感与敌意。就读心技术而言，这种人容易使别人产生相当的警戒心；再加上这些人常有意躲避别人的观察，所以想刺探他们的心意，更是难上加难。因此，有必要运用战术，使他拥有优越感。

为了使对方居于优势，首先，你必须消除他的竞争心与对抗意识，使他表现出本来的态度，因此便需要运用最迅速和直截了当的奉承战术。

但是要褒奖人是件很困难的事，多余、勉强的褒奖，会成为明显的奉承，甚至招致反效果。因此，有些技术就必须注意，譬如：褒奖男士时，如果不直接面对面，而经由第三者传递，是最有效的。在不得不直接褒奖对方时，不妨采用下列的方法：

"贵公司××好吗？"或"我们的人对他称赞不已呢！"等间接的褒奖。没有人会讨厌实在的褒奖和肯定，而且，当对方有得意的事时，便可无所顾忌地加以赞美，这会是一个相当有效的方法。

不过，如果对方是女性时，这种赞美法便难奏效了。对女性用间接的方法是不管用的，如果以赞美的句子传达，则会完全搞砸；最好是面对面赞美，即使有些夸张，也无须顾虑，而且往往能奏得奇效。

与褒奖赞美情况不同的是，对方来公司拜访时，刚好撞见你正受到上级的斥责，这正是一个绝佳的良机。因无法掩饰地在对方面前受辱或自尊心受损时，反而会看到对方表示亲切；但由于难为情、不走运、失了体面等，掀下了在对方面前所戴的假面具，有时会变得恼羞成怒。总之，遇到这种场面时，本应马上离开，装作不知才属上策，当然如果对方对自己有所同情时，应如何处理，就要依当时的情况而定了。

从谈吐中观察人的心理反应

我们在与人交往中，仅从谈吐，用词方面，就可以窥视其内心状况。

谈吐的方式，反映出个人当时的心理状态，越深入交谈，则愈能暴露出该人的原本面目。所谓遣词造句，谈吐方式，是探知一个人真正性格和心理的最贵重的资料来源。

当话题进行至核心部分时，说话的速度、口气，就是我们探知对方深层心理意识的关键。当然，说话的声调也是不可忽视的要点。

巧妙地分析对方谈话的口气、速度、声调，探究对方的内心正在想些什么，这是增进人际关系的要点。以下我们以三项为中心，来做一次综合性的探讨。

1. 不同身份的人有不同语言

有人说话粗俗下流，有人说话谦虚有理；有人说话内容丰富真实，也有人一派胡言，说话空洞而毫无内容。总之，人通过说话能反映出其拥有的是什么。

高贵、气度非凡者说话谦恭有理，其心理包括了诚实、信赖、优越等，常用文雅的应酬用语。

然而，这类人应分为两种，一种人是口与心相称，一种是口是心非的人。后者很多是外表高尚而内心丑恶的人。

有些人是不愿被对方察觉自己极为掩饰着的欠缺，所以才使用文雅的口气说话。

相反，谈吐粗俗的人具有纯真、单纯、气概低下、博爱、小心、易变等特性。这种类型的人，无论对上司或部下，对同性或异性，仍不改其谈吐风度，他所喜欢的则永远喜欢到底，对讨厌者也讨厌到最后。

此外，在初次见面的情况下，这种人好恶的表现也相当明显。不是表现得很不耐烦，就是突然地亲热若多年挚友。其表现出的意志完全掩盖对自我的所有小心性。

除此之外，说话带哭、带泪的人，依赖性非常强烈。任性，但外表似乎和蔼可亲，善交际，善奉承，大多属于不受欢迎的角色。

好掉泪的人大多是坏家伙，也即俗话说的"劣根性"。

如某地有一个乞丐村，男女老少都走南闯北乞讨，他们有一个百试百灵的看家本领，就是赖在人家的门外，以半哭半泣的声调，打动人们的恻隐之心，以达到赚钱的目的。这种类型的人，其态度是一辈子都改不了的。

不听对方说话，只顾自己滔滔不绝、口沫横飞的人，属于强硬类型，这种人只要在说话的时候，别人肯"嗯、嗯"地静静听他说，就可以得到他绝对的好感。但因自尊太强，经常好抢先一步是其一大缺点。

也有不善言辞的人，这一类型以无法巧妙地表达自己想要说的话，或缺乏表现力的人较多。同时，阴性，思考深沉，小心，度量窄的人也不少。欠缺智慧，以及精神上有缺陷的人也较多。其中有许多可以克服自我而站立起来，只要他有自信心。

2. 说话快与慢可以推测人的性格

与人说话的声调和速度非常重要，可以从中观察出一个人的心理。

要是对方说话的速度较慢，表示他对你略有不满，相反，速度很快的话，则又是他在人前抱有自卑感或话里有诈的证据。

　　突然地快速急辩也是同样的心理。例如，罪犯在说谎时，根本不听他人在说什么，立刻滔滔不绝地为自己辩护，就是个好例子。因为他们有不为人知的秘密藏在心里。

　　也有人说着说着突然提高了音调："连这个都不懂，这个连小学生都会的你也不懂！"像这样恶形恶状的呐喊，是在期望别人一如自己所愿般地服从；相反地，假如音调低声下气的话，则是自卑感重，胆小，或说谎的表现。

　　说话抑扬顿挫激烈变化的人也有，这种人有明显的说服力，给予人善于言词表达的感觉，但这也是自我显示欲望强烈的证据。

　　小声说话，言词闪烁的人具有共通的特点，如果不是对自己没有自信的话，就是属于女性性格，和低声下气的说话类型心理相似。

　　也有人一个话题绕个没完扯个不停，假如你想阻止他继续说下去，就算是明白地表示："我已经了解你要说的意思了！"他却仍是不想停下来的样子。这种说话法是害怕对方反驳的证据。

　　也有的随便附和帮腔，例如："你说得不错……"，"说得是嘛……"等等，在一旁附和对方，这种人根本不理解我们在说些什么，同时对话的内容也一窍不通。如果你在说话时，有人在一旁当应声虫，你必须明白这一点才行。要是你误以为对方了解你的谈话，那你就变成丑角了。

　　3. 用字遣句可以看出为人

　　每个人说话都有一定的特性和习惯，常用的词语与字眼，往往反映出说话者的为人性格。

　　有人在谈话中喜欢用："在下……"这种人属幼儿性，以及女性性格的人；而常使用"我……"的人，则是自我显示欲强烈的人。

在对话中，大量掺杂外文的人，在知识方面的能力相当广泛，但也可能是一知半解，借此显示自己的学识。

也有人喜欢用"我认为……"的口气，这种人在理论方面很慎重，但也有胆小的一面。其对人的警戒心和调查能力也相当优越。初见之下，似乎和蔼可亲，而当我们放心地与其亲近时，他又摆出一副冷若冰霜，瞧不起人的姿态，所以和这种人相处需要相当慎重。

除此以外，在女人面前立刻表现出驯良亲密的态度，或露骨地说出性方面用语的人也不少。在女性面前，突然以谨慎恭敬的口气说话的男人，都属于性方面有双重性格的人，这种人通常在职业上经常被压抑，如学者、医生等脑力劳动者居多。

说话中从不涉及性方面用语的人，则是绷着面孔的道学者类型，与这种人交往，更应特别小心。

如何以幽默演说打动听众

幽默是演说家们出色的天性之一，当人们初次相识时难免陌生和尴尬，而这时如果使用出幽默的武器，就能够使彼此的关系得到改善，所以说幽默是演说最好的润滑剂。1954 年 4 月，周恩来总理赴日内瓦出席关于印支战的问题争国际会议。一天，他趁休会时间，邀请卓别林夫妇到中国使馆一叙，并共进晚餐。

席间，卓别林望着桌上的北京烤鸭诙谐地说："我这个人对鸭子有特殊的感情，所以我是不吃鸭子的。"别人听了都不明其故。卓别林又说："我演的流浪汉夏尔洛，他走路时那让人发笑的步法，就是从鸭子走路的样子中得到启发的。为了感谢鸭子，从那以后我就不吃鸭子了。"菜不对客人的胃口，这让主人一方有些歉意。当别人为此向他道歉时，他却笑着说："不过，这次可以例外，因为这不是美国鸭子。"人们顿时开心地笑起来。

幽默有时也可以出现在比较隆重的场合中，例如，一位主教在主持修建本地区首脑的坟墓时，发表一个演说，且看他是如何结束的：

你们大家都来动手修理他的坟墓，这是我十分高兴的。这一座坟墓，应该受人尊敬，而他是一位极端厌恶不整洁的人。他曾说："永远不要叫谁见到一位衣装褴褛的教徒。"由于他这个主张，所以至今诸君永不再见到衣装褴褛的人，（笑声）如果你们让他的坟墓倾颓，岂不太不像话了吗？他曾走进一家人家的门口，门内跑出了一位少女，向他喊着"维斯莱先生，上帝保佑你"。他回答是："年轻的女郎要是你的脸蛋儿和衣裙清洁些，那你的祝福当更有价值了。"（笑声）这就是他厌恶不整洁的一种表示，所以，我们也不能让他的坟墓不整洁的。倘使他的灵魂在这里经过，见到了不整洁的坟墓会说：你们必须要好好的加以看护，这是你们的责任啊。（欢呼）

在中国近代文学史上，鲁迅先生是最具有幽默气质的著名文学家，他在著作里写的那句：在我家后院有一棵是枣树，另一棵也是枣树。已成为今人幽默的名言。而他在大量的演说中所表现出来的幽默更使人捧腹不已，以下我们就摘选鲁迅先生的一次幽默演说，相信读者们能从中吸取语言的机智。

附：

天才并不是自生自长的怪物

（鲁迅　1924 年 1 月 17 日）

我自己觉得我的讲话不能使诸君有益或者有趣，因为我实在不知道什么事，但推托拖延得太长久了，所以终于不能不到这里来说几句。

我看现在许多人对于文艺界的要求的呼声之中，要求天才的产生也可以算是很盛大的了，这显然可以反证两件事：一是中国现在没有一个天才，二是大家对于现在的艺术的厌薄。天才究竟有没有？也许有着罢，然而我们和别人都没有见。倘使据了见闻，就可以说没有；不但天才，还有使天才得以生长的民众。

天才并不是自生自长在深林荒野里的怪物，是由可以使天才生长的民众产生、发育出来的。所以没有这种民众，就没有天才。有一回拿破仑过阿尔卑斯山说："我比阿尔卑斯山还要高！"这何等英伟。然而不要忘记他后面跟着许多兵；倘没有兵，那只有被山那面的敌人捉住或者赶回，他的举动，言语，都脱离了英雄的界线，要归入疯子一类了。所以我想，在要求天才的产生之前，应该先要求可以使天才生长的民众。——譬如想有乔木，想看好花，一定要有好土；没有土，便没有花木了；所以土实在较花木还重要。花木非有土不可，正同拿破仑非有好兵不可一样。

然而现在社会上的论调和趋势，一面固然要求天才，一面却要他灭亡，连预备的土也想扫尽。举出几样来说：

其一就是"整理国故"。自从新思潮来到中国以后，其实何尝有力，而一群老头子，还有少年，却已丧魂失魄的来讲国故了。他们说："中国自有许多好东西，都不整理保存，倒去求新，正如放弃祖宗遗产一样不肖。"抬出祖宗来说法，那自然是极威严的，然而我总不信在旧马褂未曾洗净叠好之前，便不能做一件新马褂。就现状而言，做事本来还随各人的自便，老先生要整理国故，当然不妨去埋在南窗下读死书。至于青年，却自有他们的活学问和新艺术，各干各事，也还没有大妨害的。但若拿了这面旗子来号召，那就是要中国永远与世界隔绝了。倘以为大家非此不可，那更是荒谬绝伦。我们和古董商人谈天，他自然总称赞他的古董如何好，然而他决不痛骂画家，农夫，工匠等类，说是忘记了祖宗：他实在比许多国学家聪明得多。

其一是"崇拜创作"。从表现上看来，似乎这和要求天才的步调很相合，其实不然。那精神中，很含有排斥外来思想、异域情调的分子，所以也就是可以使中国和世界潮流隔绝的。许多人对于托尔斯泰、都介涅夫、陀思妥夫斯奇的名字已经厌听了，然而他们的著作，有什么译到中国来？眼光因在一国里，听谈彼得和约翰就生厌，定须张三李四才行，于是创作家出来了。从实说，好的也离不了刺取点外国作品的技术和神情、文笔或者漂亮，思想往往赶不上翻译品，甚者还要加上些传统思想，使他适合于中国人的老脾气，而读者却已为他所牢笼了。于是眼界便渐渐的狭小，几乎要缩进旧圈套里去。作者和读者互相为因果，排斥异流，抬上国粹，哪里会有天才产生？即使产生了，也是活不下去的。

这样的风气的民众是灰尘，不是泥土，在他这里长不出好花和乔木来！

还有一样是恶意的批评。大家要求批评家的出现，也由来已久了，到目下就出了许多批评家。可惜他们之中很有不少是不平家，不像批评家。作品才到面前，便恨恨地磨墨，立刻写出很高明的结论道："唉，幼稚得很。中国要天才！"到后来，连并非批评家也这样叫喊了，他是听来的。其实即使天才，在生下来的时候的第一声啼哭，也和平常的儿童的一样，决不会就是一首好诗。因为幼稚，当头加以戕贼，也可以萎死的。我亲见几个作者，都被他们骂得寒噤了，那些作者大约自然不是天才，然而我的希望是便是常人也留着。

恶意的批评家在嫩苗的地上驰马，那当然是十分快意的事；然而遭殃的是嫩苗——平常的苗和天才的苗。幼稚对于老成，有如孩子对于老人，决没有什么耻辱；作品也一样，起初幼稚，不算耻辱的。因为倘不遭了戕贼，他就会生长，成熟，老成；独有老衰和腐败，倒是无药可救的事！我以为幼稚的人，或者老大的人，如有幼稚的心，就说幼稚的话，只为自己要说而说，说出之后，至多到印出之后，自己的事就完了，对于无论打着什么旗子的批评，都可以置之不理的！

就是在座的诸君，料来也十之九愿有天才的产生罢，然而情形是这样，不但产生天才难，单是有培养天才的泥土也难。我想，天才大半是天赋的；独有这培养天才的泥土，似乎大家都可以做。做土的功效，比要求天才还切近；否则，纵有成千成百的天才，也因为没有泥土，不能发达，要像一碟子绿豆芽。

做土要扩大了精神，就是收纳新潮，脱离旧套，能够容纳，了解那将来产生的天才；又要不怕做小事业，就是能创作的自然是创作，否则翻译、介绍、欣赏、读、看、消闲都可以。以文艺来消闲，说来似乎有些可笑，但究竟较胜于戕贼他。

泥土和天才比，当然是不足齿数的，然而不是艰苦卓绝者，也怕不容易做；不过事在人为，比空等天赋的天才有把握。这一点，是泥土的伟大的地方，也是反有大希望的地方。而且也有报酬，譬如好花从泥土里出来，看的人固然欣然的鉴赏，泥土也可以欣然的鉴赏，正不必花卉自身，这才心旷神怡的——假如当作泥上也有灵魂的话。

怎样诱发听众的好奇心

众所周知，卖关子是一种最好的诱发别人好奇心的方法。它常常借助于语言而展开，花言巧语是诱战的表现之一，他们或轻易许诺，或制造假情报，描述假情况，针对对方的心理加以迷惑，对于固执己见的劝说对象，如若开门见山恐怕是难以奏效的，因而不妨利用其好奇心理，别出心裁地为劝言设计一种新颖奇特的形式，诱使对方自觉找接受信息的心门，达到思想交流，产生最佳的说服效果。通常表现为如下几种：

一、故意卖关子

范雎游说秦王，希望秦王听取自己的计谋，以便重用自己。怎样才能叫秦王言听计从呢？他开头故作姿态不肯说话，让秦王等急了，他先说交情疏远而欲言深切，再说欲尽患言而不避死亡，既引用历史故事，又分析当前现实，翻来覆去，就是不肯说出具体意见，一直引出秦王答应上及太后，下至大臣，无论大小事情都听他的指教，他然后才肯谏说具体意见。

二、语言诱导

在影响情绪的一些谈话中，最有效的手段是表面上装得很亲切，而提出一些所谓"忠告"，即想办法让对方意识到比赛的禁止事项。譬如，在高尔夫赛场上故意温和地向打球的对手说："要是打出去的球半路上向右边飞的话，会落进池塘"，或"这个球离洞这么近，千万不要打歪啊！"听了这些好话，打出去的球不可思议地不是向右飞，就是打歪了。

三、心理铺垫

精心铺垫术在现代采访之中多见，例如：1980 年 8 月 21 日，意大利著名记者奥琳埃娜·法拉奇访问了邓小平。她的访问彬彬有礼，她是从祝贺邓小平生日开始的。她从邓小平传记中知道他的生日是 8 月 22 日，而邓小平却忘记了。

邓：我的生日？我的生日是明天吗？

法：不错，邓小平先生，我是从你的传记中知道的。

邓：既然你这样说，就算是吧！我从来不知道什么时候是我的生日。就算明天是我的生日，你也不应祝贺呵！我已经 76 岁了，76 岁是衰退的年龄了！

法：邓小平先生，我父亲也是 76 岁了，如果我对他说那是一个衰退的年龄，他会给我一巴掌呢！

访问的气氛就这样十分融洽而轻松地形成了，而这应该归功于女记者精心安排的那几句"铺垫"了。

四、营造气氛

战争狂人希特勒会利用气氛使人陶醉，他的演讲会总是选择在天气很好的黄昏时刻，也就是人的气氛要从阳转为阴的黄昏时刻才编织一些激动人心的演说。这样让听众产生很舒适的感觉，这时人的判断力也渐渐降低，有些人工作了一天已经很疲劳，所以，听他演讲容易有陶醉感，希特勒实在是很会利用人类心理。

五、迂回诱导

一个青年爱上了一个农场主的女儿，每个星期六都要到她的家里坐上很久很久，在临近圣诞节的晚上，小伙子盯着炉子说："你的炉子跟我妈的火炉一模一样"。"是吗?"姑娘漫不经心地回答。小伙子接着说："你觉得在我们家的炉子上能烘出同样的碎肉馅饼吗?""我可以试试呀，小伙子。"仿佛是在不经意之间，就敲定了一桩婚事。小伙子用曲折含蓄的表达法巧妙地化解了求婚的难题。

怎样才能做到以情动人

古代兵法说："善攻者，攻心为上"。好的统帅能"深藏玄机出其不意，命中要害，操纵人心。"情感震撼术就是这种智谋之术。古人认为，最险恶的敌人就是人们内在的情感，因为人们可以左右一切，但惟独难以左右自己的心理活动。对于丑恶者，以美好之心攻之；对于情绪消沉者可以喜好之心攻之；对于狂暴者可以缠绵之心攻之。情感的战术多彩而奇妙，是古代人战术中最丰富的一种。下面所谈的三个事例就是这一战术的最好例证：

其一、温情战胜狂暴

可以不夸张地讲，一个女人曾以她非凡的感召力改写了近代欧洲的历史。她就是拿破仑初恋的情人欧仁尼·克莱雷。

当1815年6月18日拿破仑兵败滑铁卢后，反法联军对法国临时政府发出了最后通牒："停止抵抗，拿破仑离开法国，否则将血洗巴黎。"法国临时政府同意了这一要求，但一代枭雄拿破仑却决心孤注一掷，再与反法联军决一死战。巴黎在危急之中，有人突然想起了欧仁尼·克莱雷，认为让她出面说服拿破仑也许能挽救危机。当年由于政治的需要，拿破仑放弃了纯真的爱情。与有着政治背景的约瑟芬结为夫妻，曾使年轻的欧仁尼痛不欲生。正当她欲跳进赛纳河自尽之时，拿破仑手下的大元帅贝纳多救了她，并与她结了婚。多年后，风云变幻，贝纳多成了反法联军成员国瑞典的王位继承人。欧仁尼没成为拿破仑的皇后，却成了未来的瑞典皇后。拿破仑对她一直怀有深深的爱恋之情。当欧仁尼出现在拿破仑面前时，人事沧桑，今非昔比的感慨深深刺痛了拿破仑高傲自负的心。欧仁尼看着怆然的拿破仑，没有用激烈的言词去刺痛他。而是与他一起回忆当年充满温情的甜蜜岁月，终于拿破仑早已泯灭的热爱和平的愿望重又出现，一切不切实际的狂热妄想在欧仁尼的宽容大度面前彻底地冷却下来，他拔出了在滑铁卢战役中使用的战剑，交给欧仁尼，表示投降了。

俗话说"人心都是肉长的"，像拿破仑这种叱咤风云的人物，在情感的震撼下都会被摧垮，更何况其他人了。所以说动之以情，晓之以理是一个几乎屡用屡效的计谋。

其二、义愤战胜麻木

生活中常有这样的现象，同一件事由张三去讲，别人不听。换成李四，却马到成功。之所以会产生如此大的差别，是因为俩人对人心的了解有所不同。一般来说，凡能够激起人们共鸣，使人们在心理上产生亲近感的方法最容易取得胜利。而那种不顾他人感受自说自话的说教是注定要失败的。

1837 年，林肯还在从事律师职业时，一位革命战争时期士兵的妻子——一个年迈的寡妇，来找林肯。她哭诉说领的 400 元抚恤金竟被分发的人勒索去 200 元。林肯被这件事激怒了，他立即提出诉讼。在开庭前，林肯做了这样的准备。读一本华盛顿的传记本，一本革命史。开庭时林肯先追述了当初美国人民所受的压迫如何激起了美国志士的奋起，接着又描述了当年革命战争时期志士们所经历的难以尽述的饥饿，流血和牺牲。这一切使听众深深地沉浸在对先烈们的怀念之中。这时，林肯突然怒指被告，痛斥他竟敢剥夺当年为国捐躯的先烈的遗孀，克扣了这孤寡老妇人一半的抚恤金。最后他感情深沉地呼吁："我所问的是我们应该怎样援助她呢？".

林肯的诉讼当然是成功了，他所运用的计谋太巧妙了。首先他选择了一个很好的突破口，将一个较普遍的贪污案放在令人难忘的美国革命战争的背景之下，使公众对被告更加愤慨。同时在整个诉讼中，林肯调动了人们正常的思维方式和情绪反应，一步步展开自己的论述，让听众的激情从麻木的状态中摆脱出来，自然而然地接受了自己的观点，并对贪污者产生极大愤慨。如今要是掌握了林肯的这个计谋，你随时随地都有支持者。

其三、诚挚战胜苦闷

最佳的安慰方法是在安慰中寓以鼓励。有一次，有人向一个朋友诉苦，说干了十年的笔墨生涯，至今还无一张宽大的书桌。朋友听了，却安静地说了句比简单的同情更为深挚的话，他说："世界上伟大的杰作都是从书桌上产生的。"这句话虽然简短，但却使人产生一种强大的震撼力，他给这位朋友的支持可想而知。

附：

最后的演讲

（麦克阿瑟）

今天早晨，我走出旅馆的时候，看门人问道："将军，您上哪儿去？"一听说我到西点时，他说："那是个好地方，您从前去过吗？"

这样的荣誉是没有人不深受感动的。长期以来我从事这个职业；我又如此热爱这个民族，这样的荣誉简直使我无法表达我的感情。然而，这种奖赏主要的并不意味着尊崇个人，而是象征一个伟大的道德准则——捍卫这块可爱土地上的文化与古老传统的那些人的行为与品质的准则。这就是这个大奖章的意义。从现在以及后代看来，这是美国军人的道德标准的一种表现。我一定要遵循这种方式，结合崇高的理想，唤起自豪感；也始终保持谦虚。

责任——荣誉——国家。这三个神圣的名词尊严地命令您应该成为怎样的人，可能成为怎样的人，一定要成为怎样的人。它们是您振奋精神的转折点：当您似乎丧失勇气时鼓起勇气，似乎没有理由相信时重建信念，几乎绝望时产生希望。遗憾得很，我既没有雄辩的辞令、诗意的想象，也没有华丽的隐喻向你们说明它们的意义。怀疑者一定要说它们不过是几个名词，一句口号，一个浮夸的短词。每一个迂腐的学究，每一个蛊惑人心的政客，每一个玩世不恭的人，每一个伪君子，每一个惹是生非者，很遗憾，还有其他个性完全不同的人，一定企图贬低它们，甚至达到愚弄、嘲笑它们的程度。

我的年事渐高，已近黄昏。我的过去已经消失了音调与色彩，它们已经随着往事的梦境模模糊糊地溜走了。这些回忆是非常美好的，是以泪水洗涤、以昨天的微笑抚慰的。以渴望的耳朵徒然聆听着微弱的起床

172

号声的迷人旋律、远处呼呼作响的鼓声。在我的梦境里，又听到劈啪的枪炮声、咯咯的步枪射击声，战场上古怪而悲伤的低语声。可是，在我记忆的黄昏，我总是来到西点，那里始终在我的耳朵响着：责任——荣誉——国家。

今天标志着我对你们的最后一次点名。但是，我希望你们知道，当我死去时，我最后自觉的思想一定是这个部队的——这个部队的——这个部队的。

我向你们告别了。

用身边的故事感动人

演讲成功的关键在于演讲者与听众的共鸣，为了达到这一目的，采用就地取材或形象生动的例子，往往可以使听众觉得你说的是身边的事，而不由自主的投入进来。

例如在计划生育大会上，县妇联主任为了有别于前面几位领导"报告"式的演讲，改用了调侃式的通俗语言："当前，我国人口已达十二亿，世界人口已到六十亿，可地球还是这个地球，大伙儿想一想，人口膨胀四海茫茫住何处？土地减少大人小孩吃什么？"一开头便把听众逗笑了，接着她又算了一笔账；"中国人口等于美英法德等十六国人口之和，中国人并排着站能绕赤道十五圈，四人一排往天上接，最上层的那个人能摸到月亮的脸。你说这是好事还是坏事呢？"此时会场上活跃起来。她又让大家算账："有五张饼，一家五口人，每人可吃一张，如果有十口呢？二十口呢？老百姓有句俗话，说人多挤倒房，孩子多吃死娘。而今我们面临的现实是，越穷越生，越生越穷，你们说是不是这样啊？""是——"听众不知不觉地已参与到她的"家常话"中来了。会后人们都叫她"笑星"主任。试想，如果她也和别人一样，一二三四文绉绉地讲下去，肯定不会收到这样的效果。

听演讲就像听故事一样，老百姓爱听的是离自己最近的、最生动、最直观的故事，这就要求我们在同环境演讲中，并不都是在听别人讲过之后再想法出新，而是应该在讲前就争取主动。尤其是命题演讲，更应该在事例新上下功夫。

对于演讲中所选的事例，讲远的不如讲近的，讲别人的不如讲自己亲身经历的。例如某大学杨新同学在"青年与祖国"演讲中，为了说明自己立志当一名山村教师的思想转变过程，他讲了自己暑假中在姥姥家那个偏僻山村亲身经历的一件事："一天夜里，姥姥突然病倒了，全家人都很着急，舅妈开始带着孩子们烧香拜佛，舅舅准备去外村请'大仙'。我发现姥姥烧得厉害，就对舅舅说'你们搞这些迷信没用，应该先想法退烧。'当我问舅舅有没有体温表时，舅舅回答说：'听说县城的医院里有，我现在就去找村干部，让他们派人套车去拉。'听了舅舅的话，我的心里像是倒了五味瓶，半天没有说话，我能说什么呢……"他的故事讲完后，会场上鸦雀无声，它撞击着听众的心灵。会后不少同学对他说，愿意和他一起到祖国最需要的地方去，当一名山村教师。

怎样吸引对方倾听你的话

某文艺编辑曾讲过这样一段故事，他邀一位名作家写稿，该作家非常难合作，各报社的编辑对他大伤脑筋。因此，这个编辑在见面前也相当紧张。

一开始，果不出所料，怎样都谈不拢。作家一味说："是吗……""也许是吧！"闹得编辑很是头痛，只好打定主意，改天再来。于是与作家闲谈起来。

偶然间编辑顺口把几天前在一本杂志上看到有关这个作家近况的报

道搬出来作为话题，他说："您的大作最近要翻译成英文，要在美国出版了。"作家见对方如如此关心自己，就很感兴趣地听下去，编辑又说："您的风格能否用英文表现出来？"作家说："就是这点令我担心……"他们就在这种融洽气氛中继续谈下去。本来已不抱希望的编辑，此时又恢复了自信，获得了作家答应写稿的允诺。

没有人会喜欢一个谈话时只讲他自己，而不关心对方的人。人们只愿意和那些与自己有共同话题的人交往。

前耶鲁大学文学教授威廉莱亚·惠勒普斯，在《人性》这篇论文中，这样叙述：

我在 6 岁那年的一个星期六，去斯托拉多姨妈家度周末。记得傍晚时分，来了一个中年男子。他先和姨妈嘻嘻哈哈谈了好一会儿，然后便走近我的面前和我说话。当时我正在迷上小船，整天抱着小船爱不释手地玩。我以为他只是随便和我聊几句，没想到他对我说的全是有关小船的事。等他走了以后，我还念念不忘，对姨妈说：

"那位先生真了不起，他懂得许多关于小船的事，很少人会那么喜欢小船。"

姨妈笑着告诉我，那位客人是纽约的一位律师，他对小船根本没有研究。我不解地问：

"为什么他说的话都和小船有关呢？"

"那是因为他是位有礼貌的绅士，他想和你作朋友。知道你喜欢小船所以专门挑你喜欢的话题和你说。"姨妈笑着告诉我其中的道理。

由上可见，所谓的共同话题，除了真正双方都感兴趣的与人的交往中很好地驾驭这两类话题，你肯定会成为受欢迎的人物。

通过谈心进行有效的沟通

一、明确目的，有所准备

谈心与聊天不同，聊天的话题广泛，随聊随换，而谈心则是指对一定的心理、思想的分歧而进行的。要取得成功，必须明确目的，有所准备。

明确目的主要指谈心后要达到的结果。比如两人之间有看法，互不服气，以致于影响到工作上的合作。谈心之前要明确，目的是让对方更多地了解自己，摒弃前嫌，携手共进。

有所准备是指在谈心前精心构设交谈用语、谈话内容及谈话进程，怎样开始，说些什么，何时结束，都进行充分准备，以免谈起来零乱分散，甚至言不及意，影响表达效果。

有所准备还包括预设谈话中对可能出现的各种情况的处理方法。有了这些准备，谈心活动就不会演变成争吵或僵持，就能根据对方的反应调节交谈方式，确保交谈目的的实现。

二、切入正题之前先进行铺垫

谈心开始时见面的话语是最难构设的。这时，可以让表情来代替，一个真诚自然的微笑，表明你与对方谈心的态度是诚实的。首先在情感上就给对方以很大影响，然后再来上一两句寒暄话，进一步表明你的友好态度和诚意。这样的"开场白"有利于气氛的缓和，有利于谈话的继续进行。

开场白过后，应很快地切入主题，譬如消除某个误会，说明某种情况等。因为这时双方的关系只是表面的礼节性的和缓，若过多地拉扯旁的内容会引起对方的反感，同时也会暴露你的弱点。直接切入正题，让双方就一个问题展开对话，进行沟通，尽快消除分歧，澄清误会，说明情况，以便达成共识。

三、语言诚恳，感情真挚

谈心是要向交谈对象阐明自己的某种观点或见解，而不是加剧矛盾。因此要以诚恳之心来遣词造句，选用中性的，不带有强烈刺激性的词语，减少对方的反感和受刺激的心理效应，让这样的话语传达出你希望释解前嫌的诚意。

在整个谈心过程中，对个性极强、难以理喻的谈心对象，要把握其特点，除了使用能阐明观点的话语外，更要以情动人，多使用具有情感交流作用的词语来制造气氛，沟通心灵，理顺情绪。如有两位老同志，许多年前因工作造成分歧，相互不理睬。其中一位上门化解多次，但对方态度强硬，拒不接受。这次去了，说了这样的话："我今年 60 岁了，你比我大，该是 62 岁了吧？咱们都是过了大半辈子的人了，还有多少年好活呢？我真不希望咱们到另一个世界还是对头。"从人生无多这个老年人易动情的话题入手，使对方产生情感共鸣，终于消除了隔阂。

四、注意语气、声调和节奏

谈心时，如果语气、声调和节奏运用不当，也会影响到说话水平以及最终结果。

谈心时，语气要和缓、委婉，不能声色俱厉，咄咄逼人。和缓委婉的语气能冲淡对方的敌对心理，能给对方一种信任感、诚实感，不致于造成双方心理上的压抑，不致于激化矛盾。语气往往体现在说话的表述方式上，追问、反问、否定往往使语气显得生硬、激烈，易引起对方反感；而回顾、商榷、引导、模糊等往往能制造平淡和谐的谈话气氛，有利于减轻压力，阐明事实、表明观点。

声调在谈心的效果上也有重要作用。当一个人心存怒气时，说话的声调无疑会上扬，形成一种尖刻的没有耐心的调子。这种尖刻的没有耐心的调子有很强的传染性，会使对方马上也像受传染一样针锋相对，厉声对厉声，尖刻对尖刻，只会使事态扩大，矛盾加深。

语言的节奏有舒有急，有快有慢。使用快节奏讲话往往会使你显得心急，情绪不稳，易激动发火，这不利于交谈对方的思考和应对，显得没有诚意；节奏太迟太缓，显得缺乏生气，没有信心，影响谈话效果；节奏适度，方显自然、自信、有力，易于从心理上影响对方，产生良好的心理效应。

改善沟通技巧

艾媚有个朋友不断向她借东西，但从不归还。艾媚鼓不起勇气向她追讨。她的解释是："如果我去质问她，就会伤害她的感情，而她又是我很要好的朋友。"

马丽在工作单位里有个能言善辩的同事，三番五次地说服马丽替他做一部分工作。马丽一向把自己视作愿意为别人帮忙的好好女士，可是她也知道自己的好心只是使那个同事腾出点时间去进行交际应酬。马丽的解释是："老是找不到适当时机和场合来提起这个问题。"

安德莉亚对她的两个孩子所要求的任何事情，不论是购买新玩具，迟迟不上床睡觉，或是不做作业而看电视，差不多全都答应。安德莉亚的解释是："他们只是孩子，满足其要求会使他们快乐。"

像艾媚、马丽和安德莉亚这样的人，往往为了想让别人赞许而牺牲了他们的自尊。他们简直就不知道怎样拒绝别人——而正因为这样，他们吃亏不少。

在理想中，人际关系都应该以彼此间的真诚尊重、畅顺沟通和关怀体谅为基础。可惜的是，实际情形并非如此。有些人常常对别人步步进逼，不断地提出请求、需索和进行试探，直到遇到对方抗拒为止。而许多人，尽管自己有足够的权利和理由，却不肯抗拒这些试探，事后却找出种种理由来解释他们何以永远被欺侮。

如果你认为你也像艾媚、马丽或安德莉亚一样，那么，你就必须学会利用一些方法来表明你的感受和希望，保护你人格的完整和获得别人的尊重。

一、改变不适当的沟通方式

（1）不要给别人一个现成的托辞。

例如："近来你天天迟到，不过，我知道你不是一个早起的人，要那么早就开始工作是很难的。"如果你给了对方一个借口，他便会认为你可以容忍他的所作所为，从此他就会继续迟到。同时他还认为你是个软弱无能、不愿贯彻意旨的人。

（2）提出合理要求时不要表示歉意。

例如：妈妈厉声叫儿子打扫他的房间，但三个钟头后却对儿子说："孩子，我刚才不应该粗声对你说话。你知道吗？我不是生气。因为，我知道你一定会自动清理你的房间的。"做完一件事之后表示的歉意，通常是心有内疚或忧虑的结果。用这样的方式来取消一个坚强的声明，会使你丧失自尊。

（3）不要过分宽限你分派的任务。

例如："我真的要在星期五看到那份报告，不过我可以等到下星期。假如事情顺利的话，也许再迟一点也无妨。"去掉那些"假如"和"不过"之类的字眼吧。

一项清楚说明你希望那份报告什么时候完成的直截了当的声明，既能防止误解，又可以使报告更有可能及时交卷。

（4）不要把你的责任推给别人。

例如："老板说你应该……"或是"你爸爸说你必须……"之类的说法，虽然可使说话的人不负责任，但却使他变成了一个毫无实权的传话者。假如你一开始就说"我要你做……"，人们就会把你看作是一个坚强的人。

二、采用更为有力的办法

（1）要直截了当。

把你的期望说得清清楚楚。消极的人常常以为，他们就是不吩咐，别人也会知道该怎么做。这往往会引起许多不必要的问题。

（2）要考虑透彻。

说明问题之前，脑子里先要有个概念。事先把事情想通想透，你才能陈述得合情合理。

（3）碰到问题立刻解决。

躲避问题只能使问题更趋严重和更难解决。如果你对小的问题亦及早处理，那无异是一开头就说明了你的期望，而别人也就能确实知道你的看法。

（4）小心选择要对付的问题。

新近才学习维护自己权利的人常会做得过火，在同一时间对付太多问题，以致往往弄得焦头烂额。如果能适当选择问题，你便更能控制局面，取得较大的成功机会。

（5）表现自己时不可愤怒。

如果你只在怒不可遏的时候表现自己，那表示你是软弱的。假如你不能平心静气地表现自己，你对别人的话的反应便可能过于激动。况且，当你大发脾气的时候，别人很可能会为自己辩护。这样，真正的问题通常便解决不了。同样的道理，如果别人听了你的说话之后产生过分激动的反应，你也不可感到愤怒。你的毫不动气，可以在相形之下显示出对方的态度很不成熟，而且，你的镇定通常还能使他冷静下来。

（6）利用你自己的地盘。

球队在本地和外队比赛，常较易获胜。维护自己的权利也是一样。在一位同事的办公室或他的家里和他对抗，往往会处于下风。因此，在可能范围内，最好在你自己的"领地"坚持你的意见，这样你便可以占到不少微妙的便宜。

（7）利用非语言的暗示。

说话时眼睛要与对方保持接触。不要反复不断地说明你的理由，要用停顿来加强效果。用适当而非挑衅性的手势来强调你的论点。

（8）不要虚张声势。

你在虚张声势的时候，即使年幼的孩子也知道。要建立你的威信，就必须说明你的合理期望，以及说明如果这些期望不能达到时会产生什么后果，然后贯彻到底。要赢得别人对你的尊重，只有让他们确实知道你言出必行。

用声音打动他

有这么一个传奇的故事：

某小姐是业务员，其说话的嗓音"珠圆玉润"而获得了大笔订单，而且赢得一位优秀男孩的爱情。

足见美丽的声音有一种直达人心的魅力。

心理学研究表明，一个人对外界事物的感知和印象 80% 靠视觉，其余 20% 中有 14% 靠听觉。可见听觉在对人的印象中的重要性，这还是在面对面的情况下；如果接听电话，由于双方不在现场，交际的效果完全靠声音来完成，那声音的重要性更不用说了。

想必你有这样的经验：打电话到某公司，接听小姐的嗓音如果是轻柔圆润的，你的声音也许会一下子轻松愉快起来，自己也不知不觉地尽量使声音好听一点。而如果小姐的嗓音是干枯平淡的，你的心里会不自觉地一沉，情绪受到影响不说，可能对这个公司的感觉和信任度都会受到影响。

如何使自己的声音富有感染力呢？

（1）控制音量。

在任何场合大声说话，会使对方产生压迫感，心情紧张，神经容易疲劳，导致注意力不集中，降低交际效果。如果大声到"喧哗"的地步，引起不相干人的注意就更不明智了，这违反了交际场合"不要让自己引人注目"的原则。一般在交际场合的音量以对方听见为宜，电话中还要略低一些。

（2）控制音速。

音速最好是不急不慢，让别人感觉到你在与他谈心，他自然也感到精神放松，交谈也越来越愉快。

（3）发音厚重些。

研究表明，当人们把音高控制在其音域的中低部位时，他们的声音将取得最佳效果。

（4）微笑着说话。

有专家建议人们微笑着说话，笑着说话表明你心情愉快，这种愉快的情绪也会感染别人，可活跃交际的气氛。

（5）体现你的诚意。

不论面对什么人，都要从心底里把对方看成是与你平等的，并对他怀有爱、尊敬、体贴、关怀等等的诚挚感情，这是以上各条的统帅，如果没有这种感情而只有技巧，一时可能取悦于人，终不能长久，而且自己也很累。如果内心有了感情，再加上熟练的技巧，这样做才自然流畅，悦人又悦己。

第五章
防范说话陷入的死穴

第一节　不能由着自己性子来

日常会话应注意的事项

透过打招呼与自我介绍，可以抓住人际关系的契机，但日常的会话更能促进交情。

日常会话的目标并非理论上加深内容，或直接解决有关讲话的内容本身的问题；主要是享受对话的乐趣，谋求彼此心灵的交流，同时，会话也具有放松的意味。

透过会话还能满足一些需求，诸如谋求气氛转换或歇会儿，以及表现自我。因此，为了加深人际关系，磨练你的会话能力是非常重要的。需要注意的事项如下：

1. 明白会话中的真实意思——也就是会话中一起交谈的事情。

因为会话并非仅由特定的人唱独角戏，它是与对方交换的共同作业。

2. 会话具有回应的特性——不管提到什么事，有人好像都不耐烦地回答"哦"、"不"等无精打采的话，这将无法使会面热闹起来。

造成这种情况的主要原因，多是没有回应的话题，或者自己这一边无意参加该会话，这种内在的态度也是问题的症结所在。

如果有丰富的话材，当接受对方投来的语言时，就能正确地回应。

大概因为人类具有自我表现的本能需求，因此，一旦有说话的机会时，就会自发性地想说话。如果一来一往不断地进行，其会话就会起劲，如果会话起劲，参加者的心灵交流就更加活泼。

对于充实话题方面，先决条件是当接触事物时，不要失去新鲜感，要维持精神的年轻。如果未受感动，将是精神的老化现象。由于未注入新鲜的话题，话题将充满老朽而带霉味，毫无新鲜感。

3. 不要陷入自以为是的话题——很多人像杂学博士一样万事通，并认为那才是会话的高手条件，实际上是一种误解。虽然知道会话是重要的事情，但如果向对方谈无味的话题，等于一个人自说自听一样。会话起劲的重点是以说话者与听者共通的话题交谈。严重的是有的人在不觉之间陷入说教的话题，当然使人厌烦。

4. 留意不违反规则——往往有人在说话途中泼冷水，或在话中找碴，以及独占讲话的上风等，这些情况肯定违反原则。

说话时，自己要常常自问"这样说可以吗"，如果不那样，对方会把你的话当耳边风。如果被当耳边风，也是理所当然，同时所说的话也无法使对方理会。如果一再违反，人们将远离你。就是聊天，也在不知不觉之间使听讲的对方消失无踪，因而造成一人唱独角戏的局面。如同舞会中的"面壁之花"，使自己迈向孤独之道，这便是自作自受了。

几个常犯的小毛病

交谈时，一般人常犯些小毛病，虽然不很重要，但也可以减低对方与你交谈的兴趣，甚至惹起别人的反感，所以还是小心防范，设法加以纠正才好。

1. 咬字不清。有的人在谈话中，常常会有些字句含含糊糊，叫人听不清楚，或者误解了他的意思。所以，不说则已，只要开口，就最好把一个字当做一个字，清楚准确地说出来。

2. 用字笼统。有许多人喜欢用一个字去替许多字，譬如，他在所有满意的场合，都用一个"好"字来代替。他说："这歌唱得真好！"

"这是一篇好文章。""这山好，水也好！""这房子很好。""这个人很好。"……其实，别人很想知道一切究竟是怎样好法。这房子是宽敞？还是设计得很别致呢？是材料很结实呢？这人是很老实呢？还是很爽朗呢？还是很能干呢？还是很愿意跟别人接近呢？还是很慷慨、很喜欢别人呢？单是一个"好"字，就叫人有点摸不着头脑。还有这样的人，用"那个"这两个字代替几乎所有的形容词，例如："这部影片的确是很那个的。""这件事未免太那个了。""这封信叫人看了很那个的。"……这一类毛病，主要是由于头脑偷懒，不肯多费一点精神去寻找一个适当的恰如其分的字眼。如果放任这种习惯，所说的话就容易使人觉得笼统空洞，没有内容，因而也就得不到别人适当的重视了。

3. 多余的字句。有的人喜欢在自己的话里面加上许多不必要的字眼，例如，三句话里面，就用了两次"自然啦"这个词。又有的喜欢随意加上"不过"这两个字。有的人又喜欢老问别人"你明白么？""你说是不是？"……像这些多余的字句，最好小心地加以避免。

4. 说话有杂音。这比喜欢用多余的字句更令人不舒服，在说话的时候，加上许多没有意义的杂音。例如一面说着话，鼻子里面一面"哼，哼"地响着，或是每说一句话之前，必先清清自己的喉咙，还有的人一句话里面加上几个"呃"字……这些杂音会使人产生一种生理上的不快之感，好像给你的精彩的语言，蒙上一层灰尘。

5. 喜欢用夸张的语言去强调一件事物的特性，以引起别人的注意。但也有人无论在什么场合都采用这种说法。例如："这个意见非常重要！""这一本书写得非常精彩。""这是一部非常伟大的戏剧。""这样做法是极端危险的。""这个女人简直是无法形容的美丽。"……如此这般，讲的多了，别人也就自然而然地把你所夸大的字眼都大打折扣，这就使你语言的威信大为降低了。

6. 矫揉造作。矫揉造作有多种形式的表现，有的人喜欢在交谈中加进几句英文或法文；有的人喜欢在谈话中加进几个学术性的名词；有的人喜欢把一些流行的字眼挂在口头；有的人又喜欢引用几句名言，放在并不适当的地方。这会让人觉得你在卖弄学识，故作高深，还不如自然、平实的言语更容易让人接受。

7. 琐碎零乱。在叙说事理的时候，最重要的是层次清晰，条理分明。所以，在交谈以前，必先在脑子里把所要讲的事物好好地整理一下，分成几个清楚明确的段落，摒除许多不大重要的细节。不然的话，说起话来就会拖拖拉拉，夹杂不清了。特别是当一个人叙述自己亲身经历的时候，更容易因为特别起劲，巴不得把所见所闻，全盘托出，结果却叫人听起来非常吃力。

办事交谈应注意哪些问题

一忌争辩

你喜欢和人争辩，是否以为你可以用议论压倒对方，就会得到很大的益处呢？其实，你不必压倒对方。即使对方表面屈服了，心里也必悻悻然，你一点好处也得不到。好争辩会损害别人的自尊心，因而对方会对你产生反感，因此失掉一些朋友。好胜是大多数人的特点，没有人肯自认失败的，所以一切争辩都是不必的。如果能够常常尊重别人的意见，你的意见也必被人尊重。如此，你所主张的，就会很容易得人拥护。你可以实现你的主张，你可左右别人的计划，但不是用争辩的方法来获取。

二忌质问

用质问式的语气来谈话，是最易伤感情的。许多夫妻不睦，兄弟失和，同事交恶，都是由于一方喜欢以质问式的态度来与对方谈话所致。除遇到辩论的场面，质问是大可不必的。如果你觉得对方的意见不对，你不妨立刻把你的意见说出，何必一定要先来个质问，使对方难堪呢？有些人爱用质问的语气来纠正别人的错误，这足以破坏双方的情感。被质问的人往往会被弄得不知所措，自尊心受到大大的打击。尊敬别人，是谈话艺术必须的条件，把对方为难一下，图一时之快，于人于己皆无好处。你不想别人损害你的尊严，你也不可损伤别人的自尊心。

三忌直白

对方谈话中不妥当部分，固然需要加以指正，但妥当部分即须加以显著的赞扬，对方因你的公平而易于心悦诚服。改变对方的主张时，最好能设法把自己的意思暗暗移植给他，使他觉得是他自己修正，而不是由于你的批评。对于那些无可挽救的过失，站在朋友的立场，你应当给予恳切的指正，而不是严厉的责问，使他知过而改。纠正对方时，最好用请教式的语气，用命令的口吻则效果不好。要注意保存或激励对方的自尊心。

四忌挑理

千万不要故意地与人为难，有的人专门喜欢表示自己与别人意见不同。这种处处故意表示自己与别人看法不同的人，和处处随声附和的人一样，都是不老实的。口才是帮助你待人处世的一种方法，没有人愿意做一个口才很好却到处不受欢迎的人。不要为了要表现你的口才，而到处逞能，惹人憎厌，口才一定要正确而灵活地表现。

五忌虚伪

对于你不知道的事情，不要冒充内行。不懂装懂是一种不老实的自欺欺人的行为，你知道多少，就说多少，没有人要求你作一个百科全书。即使一个很有学问的人，也必有所不知。所以，坦白地承认你对于某些事情的无知，这决不是一种耻辱，相反的，别人会认为你的谈话有值得考虑的价值，因为你不虚伪，没有吹牛。

六忌炫耀

别对陌生人夸耀你的个人生活，例如你个人的成就，你的富有，或是你的儿子怎么了不起。不要在公共场合把朋友的缺点和失败当作谈话的资料。不要老是重复同样的话题，不要到处诉苦和发牢骚，诉苦和发牢骚并不是一种良好的争取同情的手段。

日常交谈的三大禁忌

一、不要总是自吹自擂

有些人总喜欢胡乱地吹嘘自己。这种人的口才或许真的很好，但只会令人厌恶而已。

这样的家伙并非是直率，就连是件单纯的事他都要咬文嚼字地卖弄一番，看起来好像是很精于大道理的样子，说穿了只是由于强烈的自我表现欲所产生的虚荣心在作祟。

以简单明了的词汇来发表的言论，必须先充实实际内容，再以简单而贴切的词汇表达出来。若非具有这种功力，就无法具备以简单明了的词汇来表现实力，这其实远比稍具难度的辩论更困难。

有些人乍看之下很平凡且没有可贵之处。但经过认真地交谈之后，就能够很直接地被其内心的思想所感染，这种人所使用的词汇往往最简单明了。

朋友关系必须建立在真诚之上，花俏不实的言论只适合逢场作戏，朋友是靠互相感动、吸引，而不是硬性地逼迫对方接受自己的意见。为了强硬地使对方接受自己的意见，卖弄一些偏僻冷门的词汇，来表现自己的程度高人一等。这在对方看来，只觉得和你格格不入而无法接受你的看法。

朋友必须是彼此真心真意地了解，以建立一种"心有灵犀一点通"的沟通方式为目的。彼此要在交往中培养相知相惜的情谊。

二、不要不懂装懂

社会上一知半解的人一多，就容易流行起一股装腔作势之风。如果凡事都一无所知，心里便容易产生惟恐落于人后的压迫感，这也是人们常见的心态。在绝不服输或"输人不输阵"的好胜心作祟下，随时都想找机会扳回面子。

有位不具规模的小杂志社社长 N 先生，不管是什么场合他总喜欢装腔作势，故意地降低自己的声调来表现庄重的样子。不但如此，他也总是一副无所不知的样子，这种姿态让人觉得他好像在做自我宣传。

然而不论他再怎么装腔作势，夹着再多的暗示性话语或英语来发表高见，还是得不到他人的认同。而这位仁兄所出版的杂志或周刊，也永远上不了台面。

他所出版的刊物，总是被人批评为现学现卖、肤浅的杂学之流，这是因为他对任何事都喜欢来评断。当他一开口说话，旁边的人就说："天啊！又要开始了。"然后便咬着牙，万分痛苦的忍着。这和说大话、吹牛并无不同。自己本来没有高人一等的智慧，却装出一副什么都知道的样子，这样是会让人看作是虚张声势的伪君子。

在朋友关系中最令人敬而远之的，就是这种一点也不可爱的男性。

承认自己也有不知道的事并不丢人，为了要自抬身价而不懂装懂，一旦被对方看穿，反而会令对方产生不信任感而不愿与你交往。

"闻道有先后，术业有专攻"，每个人都有自己的专长，不可能每件事都很精通。

愈是爱表现的人，愈是无法精通每件事。交朋友应该是互相地取长补短，别人比自己专精的地方就不耻下问，即使是自己很专精的事，也要以很谦虚的态度来展现实力，这样才能说服他人。

所谓很谦虚的态度，是指对于自己专精的事物，不妨表示一下自己的意见，只是说话技巧要高明。

现代社会可以说是一个高度复杂的信息时代，每个人所吸收的知识都不可能包含万事万物。若不以虚心的态度与人交往，如何能够受到大家的欢迎；凡事都自以为是的人，必然得不到大家的尊敬。

不论是不懂装懂或是真的无知，都同样有损交际范围的扩展。

三、切记避免随意附和别人

每个人讲话都有其独特的方式，无论是讲话的语言还是手势，都具有个人色彩。例如美国人最擅长以夸大的动作，表现自己内心感受的极限；欧洲人和东方人则比较含蓄、内敛，不轻易把自己内心的感受，一五一十地表现于外。

但也不能一概而论，在现代的政治舞台和商业舞台中，夸张的演出已经蔚为一种风气。

社交活动和说话一样，需要借助情感的大力支援，也就是必须集中情感来表达才能打动人心。人并不是机器人，说话一定会有抑扬顿挫。为了辅助或加强语气，还必须加以形容调整或语尾助词。

会话必须要时常加入自己的意见才能成立，一般人总是习惯于附和别人说的话，但这种没有独自思想的附和语词，并不能表现出个人的独立人格与个人意见，一个喜欢用极端的形容词来强调自己想法或意见的人，是绝对不会以附和的口吻来表示自己的看法。

许多人在交谈时有"我同意……，但是我认为……"的习惯用语。其实在朋友交谈中，朋友想要听的是你个人的看法，而不只是要你附和地回答："是的。"要让自己成为更独特的人就必须与一般人有所区别，尽量地表现出自己独特的看法。

因此，不妨多应用些特殊或极端的例子来表达自己的想法，不要总是附和别人的想法。

交谈中易犯的 7 个毛病

在日常生活中，我们如果稍加留意，就会发现许多人在说话中有一些毛病。虽然这些毛病不具有决定意义，但如果不加以注意，就会大大影响我们的谈话效果。

一般人在交谈中，常常容易出现以下几个方面的问题：

（1）用多余的套语

有些人喜欢在交谈中使用太多的或不必要的套语。例如，一些人喜欢什么地方都加上一句"自然啦"或"当然啦"一类词句；另一部分人喜欢加太多的"坦白地说"、"老实说"一类的套语；也有人喜欢老问别人"你明白什么"或"你听清楚了么"；还有的人喜欢老说"你说是不是"或"你觉得怎么样"，如此等等。像这一类毛病，你自己可能一点不觉得，要克服这类毛病，最好的办法是请你的朋友时刻提醒你。

（2）一犀杂音

有些人谈话本来很好，只是在他的言语之间掺上了许多无意义的杂音。他们的鼻子总是一哼一哼地响着，或者是喉咙里好像老是不畅通似的轻轻地咳着，要不就是在每句话开头用一个拖长的"唉"，像怕人听不清楚他的话似的。这些毛病，只要自己有决心，是可以清除的。

（3）谚语太多

谚语本来是诙谐而有说服力的话，但谚语太多也不好。用谚语太多，往往会给别人造成油腔滑调、哗众取宠的感觉，不仅无助于增强说服力，反而使听者觉得有累赘感。

谚语只有用在恰当的地方才能使谈话生动有力。在使用谚语时，我们应尽可能使其恰当。

（4）滥用流行的字句某些流行的字句，也往往会被人不加选择地乱

用一番。例如，"××王"这个词就被滥用了，什么东西都牵强加上"王"，如"短信王"、"原声王"，这"王"那"王"，使人莫名其妙。

（5）特别爱用一个词

有些人不知是因为偷懒，不肯开动脑筋找更恰当的字眼，还是有其他方面的原因，特别喜欢用一个字或词来表达各种各样的意思，不管这个字或词本身是否有那么多的含义。例如，许多人喜欢用"伟大"这个词。在他的言谈中，什么东西都伟大起来了。"你真太伟大了"，"这盆花太伟大了"，"今天吃了一餐伟大的午饭"，"这批货物卖了一个伟大的价钱"，等等，给别人一种华而不实的印象。因此，我们要尽可能地多记一些词汇，使自己的表达尽可能准确而又多样化。

（6）太琐碎

许多人在谈话过程中琐碎得令人讨厌。

例如，讲述自己的经历本来是最容易讲得生动、精彩的，很多人也喜欢听别人讲其亲身经历。但是，许多人讲自己经历的时候，一味地不分主次地平铺直叙，觉得自己所经历的，样样都有味道，都有讲一讲的必要，结果反而使听者茫然无头绪，杂乱无章，索然无味。

讲经历或故事，要善于抓重点，善于了解听者的兴趣放在哪一点上，少用对话。在重要的关节上讲得尽可能详细一些。其他地方，用一两句话交待过去就算了。

（7）喜欢用夸张的手法

夸张的手法有一种引人注意的效果。不过，我们不能把夸张的手法用得太过分，否则，别人就不会相信你的话。

在现实生活中，不可能每次都说的是"非常重要"的消息，也不

可能每次都讲"最动人的"故事、"最可笑的"笑话，因此，不要到处用"非常"、"最"、"极"等字眼，否则，当你在无数的"最"中有一个真正的"最"时，又怎样表示呢？难道你能说"这件事对我是最最重要的"么？如果你真这样说，别人听了也会无动于衷，因为他们认为你是一向喜欢夸大的人。

除了上述七点之外，我们还应该注意自己在谈话中的声调、手势、面部表情等方面，努力使各个方面协调、得体。这样，我们就能大大增强自己说话的吸引力。

活跃社交气氛的10个绝招

如果你想在生活中给别人一个好的印象，就应该巧用精彩的语言活跃气氛，在社交场合更是这样。无论是主人还是客人，都有责任把活跃的气氛带给这种场合。当你跨进大厅，千万不要让冰霜结在脸上，须知一个面带愁容的人决不会受人欢迎的。所以最好是神态自若。神态自若是难得的心理平衡的体现，它包含有嘲笑自己的勇气和对别人的宽容与真诚。据说，有位著名女演员在一家餐厅吃饭，一位老年妇女走上前来，看着她的面部，然后略带遗憾地说："我看不出有多好！"这个演员神情自若地说："谢谢您的真诚，咱俩没有区别，都是一个鼻子、两个眼睛。"

在社交场合，当你明白他人的用意时，不妨神态自若，然后轻松地幽默一下。这有利于你热情主动地与周围的人交往，使你顺利地熟悉和了解众人。

（1）善意的恶作剧

有分寸地、善意地取笑别人并不是坏事。善意的恶作剧具有出人意料的效果，它能导致众人的欢笑。人们在捧腹大笑之际，超脱了习惯、规则的界限，享受不受束缚的"自由"和解除规律的"轻松"。

（2）带些小道具

朋友相聚，也许在初见面时因打不开局面陷于窘境，也许在中间出现冷场。这时，你随身携带的小道具便可发挥作用。一个精致的钥匙链可能引发一大堆话题；一把扇子，既可用遮阳光，又可在上面题诗作画，也可唤起大家特殊的兴趣。小道具的妙用不可小瞧。

（3）引发共鸣

成功的社交应是众人畅所欲言，各自都表现出最佳的才能，做出最精彩的表演，最忌一个人唱独角戏，大家当听众。为达到这一目的，就必须寻找能引起大家最广泛共鸣的内容。有共同的感受，彼此间才可各抒己见，互相交流看法，气氛才会热烈。所以，你若是社交活动的主持人，一定要把活动的内容同参加者的好恶、最关心的话题、最擅长的拿手好戏等因素联系起来，以免出现冷场。

（4）自我解嘲

自我解嘲，顾名思义就是自己嘲讽自己，调侃自己，这也是一种正话反说。它是一个人心境平和的表现。它能制造宽松和谐的交谈气氛，能使自己活得轻松洒脱，使人感到你的可爱和人情味，从而改变对你的看法。在现实生活中，适时适度地"自嘲"，往往会收到妙趣横生、意味深长的效果。

（5）给一个无痛苦的伤害

有时候，那些毕恭毕敬的夫妻未必就没有矛盾，而平日吵吵闹闹的恋人可能会更亲热。社交也是如此，若彼此开句玩笑，互相攻击几句，打一拳、给两脚，反倒显得亲密无间、无拘无束。

（6）怪问怪答

交谈中，不时穿插一些意想不到的、貌似荒谬而实则有意义的问题，是很好的一种活跃气氛的形式。那些一本正经的人会给人古板、单调、乏味的感觉。也许会有人时常问你一些荒谬的问题，如果你直斥对方荒谬，或不屑一顾，不仅会破坏交谈气氛、人际关系，而且会被人认为缺乏幽默感。

（7）夸张般的赞美

和朋友久别重逢见面后不免寒暄一番，你完全可以借此发表一番高论，把每个人的才能、成就做一番夸张式的炫耀与渲染，这会让朋友们感到你深深地了解、倾慕他们。这种把人抬得极高，但没有虚伪、奉承之感的介绍，会立即使整个气氛变得异常活跃，友情会加深一层。

（8）寓庄于谐

社交需要庄重，但长时间保持庄重气氛就会使人精神紧张。寓庄于谐的交谈方式比较自由，在许多场合都可以使用。用幽默、诙谐的语言，同样可以表达较重要的内容。

（9）制造悬念

在相声里，悬念是相声大师的"包袱"。有意制造悬念，会使人更加关注你的一举一动。当大家精力集中、全神贯注时抖开"包袱"之后，人们发觉这是一场虚惊，都会付之一笑，报以掌声。

（10）反话正说

运用反话正说的方法，重要一点在于处理好一反一正的关系。在交往中，准备对对方进行否定时，却先来一个肯定，也就是在表达形式上，好像是肯定的，但在肯定的形式中巧妙地蕴藏着否定的内容。正说时要一本正经，煞有介事，使对方产生听下去的兴趣。然后，再以肯定的形式抖出反话的内容，与原先说的正话形成强烈的对比，从而产生鲜明的讽刺意味，让人信以为真，增加谈话的效果。

反话正说能引人入胜，正话反说也颇意味深长。正话反说，就是对某一话题不作直接的回答或阐述，却有意另辟蹊径，从反面来说，使它和正话正说殊途而同归。这样便可以避免正面冲突，含蓄委婉，人情入理，收到一种出奇制胜的劝谕和讽刺效果。有时正话反说的曲折手法，可使人们在轻松的情境中相互沟通，使处于紧张的局面得到缓解。

不要在谈话中自以为是

在我们的周围，有些人喜欢抬杠，搭上话就针锋相对，无论别人说什么，他总要加以反驳，其实他自己一点主见也没有。不过当你说"是"时，他一定要说"否"，到你说"否"的时候，他又说"是"了。这是一种极坏的习惯，事事要占上风。

即使你真的比别人见识多，也不应该以这种态度去和别人说话。你简直不为对方留一点余地，好像要把他逼得无路可走才心满意足。相信你并没有想到这一层，但实际上你却是这样做的。这种不良习惯使你自绝于朋友和同事；没有人愿意给你提意见或建议，更不敢向你提一点忠告。你本来是一个很好的人，但不幸你染上了这种习惯，朋友、同事们都远你而去了。惟一改善的方法是养成尊重别人的习惯，首先你要明白，在日常谈论当中，你的意见未必是正确的，而别人的意见也未必就是错的。把双方的意见综合起来，你至多有一半是对的。那么，你为什么每次都要反驳别人呢？大概有这种坏习惯的人当中，聪明者居多，或者是些自作聪明的人，也许他太热心，想从自己的思想中提出更高超的见解，他以为这样可以使人敬佩自己，但事实上完全错了。一些平凡的事情，是没有必要费心做高深的研究的。至少我们平常谈话的目的，是消遣多于研究吧，既然不是在研究讨论问题，又何必在一些琐碎的事情上固执己见呢；另外有一点你也应该注意，那就是在轻松的谈话中不可太认真了。

别人和你谈话，他根本没有准备请你说教，大家说说笑笑罢了。你若要硬作聪明，拿出更高超的见解（即使确是高超的见解），对方也决不会乐意接受的。所以，你不可以随时显出像要教训别人的神气。

当你的同事向你提出建议时，你若不能立刻表示赞同，但起码要表示可以考虑，不可马上反驳。假如你的朋友和你谈天，那你更应注意，太多的执拗能把有趣的生活变得枯燥乏味。

如果别人真的犯了错误，而又不肯接受批评或劝告时，你也不要急于求成，不妨往后退一步，把时间延长一些，隔几天再谈，否则，大家固执不但不能解决问题，反而伤害了感情。

因此，你千万要谦虚一些，随时考虑别人的意见，不要做一个固执的人，而应让人们都觉得你是一个可以交谈的人。

大量事实说明，人们谈话时都有一个目的：想知道别人对某件事的看法是否和自己相同。他们希望别人也能和自己一样对某件事情有相同的看法。如果别人的看法与自己的看法略有不同或大不相同，你也应该显得对此很有兴趣。

如果双方的意见一致，你就会感到一种同情的安慰；如果发现双方的意见有差异，你也会感到这是一种刺激，因而引起双方的争论。

因此，当你听到别人的意见和你一样时，你要立刻表示赞同。不要以为这样做会被人认为你是随声附和，因而就不吭声了。不吭声，虽然不会被人误解为随声附和，却也容易使人认为你并不同意。

同样地，当你听到别人的意见和你不一致时，你也要立刻表示你什么地方不同意、为什么不同意。不要以为这样做会伤害彼此的感情而不吭声。

第二节 千万不要把话说绝

社交的润滑剂——幽默

为什么只要卓别林等喜剧人物一露脸，他们一张口、一举手、一投足，立即便能把人们的心弦拨动，使千万人为之捧腹、为之喷饭倾倒？这奥妙就在于：他们的一言一行、一举一动都充满了启人心智、令人愉悦的幽默。

幽默具有神奇的魅力：可以使愁眉苦脸者笑逐颜开，也可以使泪水盈眶者破涕为笑；可以为懒惰者带来活力，也可以为勤奋者驱散疲惫；可以为孤僻者增添情趣，也可以使欢乐者更愉悦。

幽默这个词虽然大家并不陌生，常常听到有人挂在嘴上，似乎大家都知道是怎么回事。可是，若有人问"什么是幽默"时，还真的不容易讲清楚！

世界上没有一个人不喜欢风趣幽默的语言。在中国的传统文艺晚会上，相声小品之所以一直成为最受欢迎的节目之一，就在于它的表现形式离不开幽默，那幽默的语言强烈地感染着观众的心，幽默的话能抓住听者的心，使对方平心静气；也可以使一些深刻的思想表达得更加生动和形象。

心理学家认为，幽默是人的能力、意志、个性、兴趣的一种综合体现，它是社交的调料。有了幽默，社交可以让人觉得醇香扑鼻，隽永甜美。它是引力强大的磁石，有了幽默的社交，便会把一颗颗散乱的心吸入它的磁场，让别人脸上绽开欢乐的笑容。它是智慧的火花，可以说这种交往是智慧的体现，是智慧者灵感勃发的光辉。

有人将幽默分为以下几种类型，同时不同的人对幽默又有各自的欣赏眼光：

（1）哲学性幽默

对哲学、宗教等方面有嗜好的人会对此反应热烈。他们往往能对自身弱势进行嘲笑。对这类幽默感兴趣的人并不是自虐狂，而是具有一种能坦率地承认并欣赏自己的弱点，并能超越它们的开阔胸怀。

（2）荒诞式幽默

这是以一种出乎意料的独特方式摆脱理性而产生此类完美的"蠢话"。这种幽默绝不会来自傻瓜的头脑，而是高度智慧的结晶。喜欢这种类型的人理性思维较发达，追求精神的自由奔放。

（3）社会讽刺小品

这是对社会风气、对人性某些灰暗面的嘲讽，酷爱这类小品的人是在以一种半超然冷漠的态度对待世界，这种幽默的欣赏者往往以一种更开阔的视野——即所谓"上帝的眼光"来看待自己与人类自身，成为自己与人类命运自由而超然的观察者。

（4）插科打诨式的"胡言乱语"

这是轻松的自我娱乐。对于那些刚开始体会推理之味的对世事涉足不深的年轻人来说，可能对此会兴趣盎然。

生活中如能妙用幽默，对你的人生自然是大有益处的。综合起来看，大致能产生以下几种效用：

第一，改善人生。

人们在生活中可能遇到种种引起麻烦的事情，如果借助于大笑一场，就能"化干戈为玉帛"，从而减少过分忧虑。所以说，"笑一笑，十年少；愁一愁，白了头"，大笑还可以使人振作起精神，以轻松的态度对待生活。这样，引起烦恼和忧虑的麻烦并没有什么了不起，忧郁的情绪也就逐渐消除了。

第二，保你健康。

古语说得好，快乐长寿。幽默能够使人健康，对于这一点现在已经没有人怀疑了。因为幽默能使人变得格外坦率和诚恳，使人感到愉快，心宽体胖自然身体也会变得更加健康。

第三，加强合作。

许多人在事业和工作的路途上，往往会遇到许多障碍。其中有一个障碍就是人们在心理上对新的工作感到难以适应。究其原因，大部分来自对人际关系的忧虑。但挑战和困难其实也是一种机会。要知道，获得成功是要付出代价的，其中一个代价就是应该把自己的某种能力和专长放在一边，在与他人的交往上多下工夫。也许你是世界上最好的教师、职员、工人，但是让你当校长、经理或其他负责人的时候，你可能就会感到不胜任，从而陷入困境。因为处理众多的人事问题要比发挥个人的才能困难得多。

第四，促进亲情。

家庭是社会的细胞，是最亲密、最可靠、最稳定的社会单元。"生老病死，婚姻嫁娶"，乃自然与社会规律，两个男女相爱结婚，如能学点幽默，对于相互情感沟通，减少摩擦是有好处的。下面是一对夫妻幽默的对话：

"夫人，你怎么始终不明白钱的事情，别以为自己所买的东西全是打五折的。"

"所以我才愿意嫁给你，你的聪明才智也是打过对折的。"

这段对话，人们听后都一定会发出笑声。夫妻之间，为生活，为金钱，彼此难免存在分歧。可是如果不用恰当的形式转移矛盾，而是赤裸裸地批评对方的缺点，夫妻之间不吵才怪。可见家庭之中也要有幽默的表现形式，才能增进感情，减少分歧，令双方陶醉。

第五，助你成功。

在现实生活中，每个人都有自己的职业，都要从事某项工作。虽然某项工作你可能喜欢，也可能厌烦，但你终究要做下去。

为了使自己的工作出色，事业成功，更要加倍努力。那些在"位子"上终日思进取的人是无所作为的。一般而言，人们虽然有各种各样的追求，其共同点都是考虑如何创造一个良好的人际关系环境，加强与同事及上下级的沟通，避开人际关系中的僵化与失误，使自己事业获得成功。

要做到这一切，学点幽默能够使你与上司、同事之间建立和谐的关系。你也会因此而成为一个乐观的人，一个能关心和信任别人，又能被众多的人所信任和喜欢的人。有人说，获得工作上的成就和事业上的成功是要具备很多条件，但幽默有助于你改善和他人的关系，促进成功，则是一个不争的事实。

一个心胸开阔、豁达大度的人，能够开自己的玩笑，并且不那么看重自己已有的荣誉。

做到以上几点，都离不开幽默的帮助。幽默可使你和大家一道享受笑声带来的快活，即使观点不同，兴趣不同，也不要紧。

得体的玩笑

社会交往中，开个得体的玩笑，可以松弛神经，活跃气氛，创造出一个适于交际的轻松愉快的氛围，因而诙谐的人常能受到人们的欢迎与喜爱。但是，开玩笑开得不好，则适得其反，伤害感情，因此开玩笑要掌握好分寸。

（1）内容要高雅

笑料的内容取决于开玩笑者的思想情趣与文化修养。内容健康、格调高雅的笑料，不仅给对方启迪和精神的享受，也是对自己美好形象的塑造。

（2）态度要友善

与人为善，是开玩笑的一个原则。开玩笑的过程，是感情互相交流传递的过程，如果借着开玩笑对别人冷嘲热讽，发泄内心厌恶、不满的感情，那么除非是傻瓜才识不破。也许有些人不如你口齿伶俐，表面上你占到上风，但别人会认为你不尊重他人，从而不愿与你交往。

（3）行为要适度

开玩笑除了可借助语言外，有时也可以通过行为动作来逗别人发笑。有对小夫妻，感情很好，整天都有开不完的玩笑。一天，丈夫摆弄鸟枪，对准妻子说："不许动，一动我就打死你！"说着扣动了扳机。结果，妻子被意外地打成重伤。可见，玩笑千万不能过度。

（4）对象要区别

同样一个玩笑，能对甲开，不一定能对乙开。人的身份、性格、心情不同，对玩笑的承受能力也不同。

一般来说，后辈不宜同前辈开玩笑；下级不宜同上级开玩笑；男性不宜同女性开玩笑。在同辈人之间开玩笑，则要掌握对方的性格情绪信息。

对方性格外向，能宽容忍耐，玩笑稍微过大也能得到谅解。对方性格内向，喜欢琢磨言外之意，开玩笑就应慎重。对方尽管平时生性开朗，但恰好碰上不愉快或伤心事，就不能随便与之开个玩笑。相反，对方性格内向，但却好喜事临门，此时与他开玩笑，效果会出乎意料地好。

巧妙应对羞辱你的话

公然直接羞辱人的言语不论怎样，都有一个共同点：说话的人很冲动，而且被逼得无话可说，你不可以被他的一句辱骂感染而变得像他一样失去理智。应付他的基本对策是保持冷静安详，这样才能够稳操胜券。下面列举几种对待侮辱性语言的方法：

一、"你说话之前应该先想想"

什么人说话之前不先想过呢？对方这样说，并不是真的提醒你去运用思想，而是指责你说了令他不悦的话。

在这种情况下，你可以试着选用下列方法应付：

①你把重点放在时间问题上："唔，那么'以后'该怎样呢？"

②接受他的好意："好，我尽力而为就是。不过，我一向习惯在你说话之前先想。"

③采取幽默的态度，为他抱不平："可是我想了你不想，对你不是太不公平了吗？"或"我在这儿想，冷落了你，太失礼了。"

④报以微笑，然后默默不语，如果他不耐烦了，想再说什么，你就打断他："嘘……！我正在想呀。"

二、"你父母是怎样教养你的？

谈话之中突然牵扯到你的父母，这是最令人冒火的事，但是你千万别为父母受了指责而生气，对方与你父母无冤无仇，并不真打算侮辱他们，他的目标是惹你发火。

在这种情况下，你可以试着选用下列方法应付：

①装傻充愣。你说："我是爷爷奶奶带大的。"

②侧面躲避。你默默想一会儿，再说："我记不得了，恐怕得麻烦你自己去问他们。"

③正面回击。可以作肯定的答复回敬他："我只记得一点，那就是不可以问这样没礼貌的问题。"

三、"我不要跟你这种人讲话"

这样可恶的人决定不和你讲话，是你该觉得幸运的事，你就该坦白表示出来。

在这种情况下，你可以试着选用下列方法应付：

①"啊，太好了！""真是老天有眼。"

②他这句话是对你讲的，你当然可以说："哦？抱歉，我还以为你是在和我讲话。"

③对付这种无礼言辞的另一个方法就是假装没听见："你说什么？""你是说……？""我没听见，你再说一遍好吗？"不管他是否肯再说，都是他输了。假如他果真糊里糊涂再说一遍，你就以牙还牙："抱歉，你这种人说的话我听不见。"

四、"你自以为是什么人？"

这样的话是要你对自我认识产生疑问——你为什么说出这种话？

在这种情况下，你可以试着选用下列方法应付：

①不要动怒，索性把他的话说清楚："依你的意思，我要是某某人才够资格和你说话，是吗？"

②谦和一点，请教他："我倒没想过这个问题，你常常自以为是什么人吗？"

③用开玩笑的方式："我不大确定，不过我一定算是个人物吧，有不少人给我写信呢。""现在吗？我自以为是受害者。""不管是谁，反正是你没听过的人。"或者干脆指指旁边的人："我自以为是他，你再问问他自以为是谁。"

五、"你少来这一套"

这是不太重的话，即便是当众以不周的语气对你说了，你仍应该礼貌地答复。回答的方式不外乎一般客套："不必客气。""请笑纳。"

如果是你说的一句话惹怒了对方，而使他说出这样的话，你觉得他的怒意莫名其妙，你的话可以说重些："本是你应得的，何必恭维!"

坦然面对别人的攻击

一、以理解的心情面对对方的错怪

不少时候，人和人之间的相互发火，是因为互不了解、有失沟通造成的。这时候得理的一方切不可因对方的错怪而以怒制怒。最好的方式是多加解释，想法沟通或者道歉、劝慰，与对方达成谅解或共识。

一所医院里，病人挤满了候诊室。一个病人排在队伍中，将手上的报纸都看完了也没有挪动一步，于是他怒火万丈，敲着值班室的窗户对值班人员大喊："你们这是什么医院？这么多人排队你们看不见吗？为什么不想办法解决？我下午还有急事呢!"值班员面对病人的怒火，耐心解释说："很抱歉，让你等了这么久。是这样的，医生去开刀了，抢救一个危重病人，一时脱不了身。我再打电话问问，看看他还要多久才能出来。谢谢你的耐心等候。"

患者排大队得不到及时诊治，责任并不在那个值班员身上。但是他理解病人的急切心情，因此，面对病人的错怪，能够沉住气一面解释，一面劝慰。这就比以怒制怒、火上添油的回答好多了。

二、用幽默自嘲摆脱尴尬局面

一位作家刚发表一篇小说，获得了赞誉之声。另一位作家却不以为然，跑去问他："这本书还不赖，是谁替你写的?"他答道："哦，谢谢你的称赞，不过，是谁替你把它读完了?"幽默的回敬，对"揭短"者是一种有效的应付之道。

妻子、朋友、亲戚有时会开玩笑似地揭你的"短"，弄得你有点下不来台。你想默认会觉得窝囊，想还口又觉得口吃。

这时，怎样从困境中摆脱出来？不妨运用幽默的语言、滑稽的表情和笑料冲淡这尴尬的处境，活跃气氛。这也是语言机智应变的技巧之一。

显然，设法改变处境比保持沉默要主动，但有一点应当明确，那些"揭短"的人通常是你的配偶、亲友，你不能采用气愤的话予以还击，而幽默的解嘲是最好的办法。

自嘲运用得好，可以使交谈平添许多风采。如果用不好，会使对方反感，造成交谈障碍。自嘲要审时度势，相机而用，不宜到处乱用。比如，对话答辩、座谈讨论、调查访问等，就不宜使用自嘲。此外，自嘲要避免采取玩世不恭的态度。具有积极的自嘲，包含着自嘲者强烈的自尊、自爱。自嘲不过是当事者采取的一种貌似消极、实为积极的促使交谈向好的方向转化的手段而已。

在对付"揭短"时，尤其要注意：

①尽量不要认为他人别有用心。如果我们神经过敏，对别人的每一句话都琢磨一番潜台词、话外音，那就会自寻烦恼。因为在许多场合，对方往往是脱口而出或即兴联想的玩笑话，根本没想到会伤害你。

②不可反唇相讥。有人听不得半句"重话"，动辄连珠炮似的反讥，常因此挑起唇枪舌剑，使良好的关系破裂。一般说来，开玩笑的人若是得到严肃的回报，脸上常挂不住。所以，我们不能为笑话失去一个朋友，甚至给人留下心胸狭窄的印象。

③遇到人"揭短"，如果羞怯万状，既不能正常地保持沉默，又不能机智地改变处境，以至失态，那就显得有些"小器"了。而保持泰然自若的风度，暂时把"揭短"抛置一边，寻找别的话题，或点起一支烟，端起一杯茶，转移别人的视线等，才是上策。

三、以幽默调侃

一位巴黎的剧作家邀请小仲马看他的新剧本的演出。大幕拉开了，戏正在演出。小仲马不断回头，嘴里嘟哝着："一个，两个，三个！"

"您在干什么？"剧作者纳闷地问。

"我在替您数打瞌睡的人。"

过了些日子，小仲马的剧本《茶花女》上演了。上次请小仲马看戏的那位剧作者和小仲马又坐在了一起。演出开始之后，他也不断回头去找，找了半天，居然也找到一个打瞌睡的人。那位朋友欣喜若狂，连忙说："亲爱的，您的《茶花女》上演，也有人打瞌睡。"

小仲马听了毫不介意，幽默地说："您不认识这个人吗？他是上次看您的戏时睡着了，至今尚未醒来的人。"

四、找到攻击者的弱点以转移别人的注意力

美国总统罗斯福的新政，曾遭受到许多政治评论家的攻击和批评，其中以亨利·门肯的批评最为严厉。

有一次在华盛顿里迪罗俱乐部的大会上，政治人物云集，当然，新闻记者更是里里外外忙个不停。

轮到罗斯福演讲时，他清了清喉咙，对着在座的亨利·门肯笑了笑，说了开场白："各位先生女士，我的朋友亨利……"

接下来的演讲内容却让全场观众哗然，尤其是新闻记者，彼此面面相觑，十分惊讶。

罗斯福大肆谩骂美国的新闻界，指出新闻界的记者都十分无知、没有常识，并且愚蠢而自大。在场记者觉得罗斯福简直莫名其妙，怎么好好地骂起人来了，但是再听下去就渐渐地会过意来了。

原来罗斯福所讲的内容是亨利·门肯写的一篇文章《美国新闻界》，这时所有的焦点都对准了满脸通红的亨利。

本来要根据亨利抨击的重点提出问题的记者，这时对他的评论内容起了怀疑，因为他对于记者的评论如此的离谱，那么对于罗斯福的政策抨击又能相信吗？

会后，罗斯福被人推着轮椅离开时，还特别到亨利面前微笑致意，表示出政治家的气度。

原本会遭受各界质询的罗斯福，于是很轻松地渡过了这一关。

当遭受到攻击时，想办法找到对方的弱点，来转移别人的注意力，减轻自己的压力是很有效的防身术。

五、巧妙辟谣

无端诽谤和造谣中伤在美国总统的竞选中是常有的事。1800 年，约翰·亚当斯在竞选总统时，就有个共和党人煞有介事地指控他曾委派竞选伙伴平尼克将军到英国去挑选四个美女做情妇，两个给平尼克，两个留给总统自己。这种桃色新闻对于一个政坛要人来说其打击往往是致命的，弄不好就会搞得身败名裂。然而亚当斯却没有急于申辩和澄清，他大笑着说道："假如这是真的话，那平尼克将军一定是瞒过了我，全都独吞了！"周围的人听了，无不捧腹而笑。

六、保持平静，不作攻击

当别人确实侵犯到你，你当然有权利生气。如果对方是陌生人，你可以大吼大嚷、漫天叫骂，然后一走了之，祈祷彼此再也不要碰面。但是，如果对方是你的同事、朋友或家人呢？

你仍然应该生气，但别忘了沟通的艺术。得理不饶人的强烈抨击，只会告诉对方："在我眼中，你是个彻头彻尾的无能者、不折不扣的坏蛋。"然而，当你平静而清楚地告诉他：他的某些行为（而非他的人格、本性）激怒了你，为了什么，这将使对方有路可走，可以改过迁善。

当然，改变自己和宽恕别人的确不容易，但值得努力。敌意和怒气给我们的心灵与肉体带来同样沉重的负担，未雨绸缪来避免它不是很好吗？

不要把话说绝

大港油田某工厂曾经有一批"请调大军"，对此，新厂长并没有大惊小怪，更没有埋怨指责，面对几百名"请调大军"，他发出肺腑之言："咱们厂是有很多困难，我也怵头。但领导让我来，我想试一试，希望大家给我半年时间，如果半年后咱厂还是那个奶奶样，我辞职，咱们一块走！"

这些话语没有高调，朴实无华，既是人格的表现，又是模糊语言的恰当运用。厂长没有坚定地表示决心，而是"我也怵头"；他没有把话说绝，而是"我想试一试"；他没有正面阻止调动，而恰恰相反，"如果半年后，咱厂还是那个奶奶样，我辞职，咱们一块走。"然而，谁也不会相信，这是一个来"试一试就走"的厂长。相反，人们正是从他那入情入理、心底坦荡的语言中感到了力量，看到了希望。这个工厂像是一个得了狂躁症的病人吃了镇静剂那样恢复了平静，一心要干下去的人增加了信心，失去了信心的人振作了精神。模糊语言在这里发挥了神奇的作用。

1949 年，国共谈判时，毛泽东分别接见一些国民党政府代表，当刘斐和毛泽东谈起共同关心的问题时，表现出对于和谈的前景尚有怀疑，就试探着问毛泽东：

"您会打麻将吗？"

"晓得些，晓得些。"毛泽东回答道。

"您爱打清一色呢，还是喜欢打平和？"

"平和，只要平和就好了。"毛泽东听出了刘斐话中有话，笑着回答道。

在这里，我们听到了一连串的模糊语言，它一语双关，含不尽之意于言外，在这种特殊场合，成了沟通思想而又不致引起矛盾的特殊方法。我们在外交事务中，常常用"在适当的时候访问贵国"来回答国外的邀请，"适当的时候"，就是模糊语言，它既显得彬彬有礼、十分中肯，又给我们自己创造了一个宽松的环境。试想若用"不打算去"或"马上就去"或"某月某日去"即非常确定的语言来回答，其效果都不会理想。这就是我们通常所说的"弹性外交"的很好运用。

柔性管理首先要端正思维方式，冲破传统的、习惯了的"非此即彼"的思维约束，寻求两个对立极端的中间状态，使其真正与现实问题相吻合。彻底抛弃"非对即错"、"非社即资"、"非黑即白"等长期困扰我们的违反辩证法的极端观念。

一位伟人曾针对这种"绝对分明的和固定不变的界限"指出："除了'非此即彼'，又在适当的地方承认'亦此亦彼'！"

敢于说"不"，善于说"不"

在人际交往中，我们总有被人拒绝或拒绝别人的时候。拒绝，表述时总难离一个"不"字，而这个"不"字，又往往最不好意思说出口，因为咱们中国人最爱面子。

既要把"不"字说出口，又能赢得人家的宽容和体谅，和他人保持良好的人际关系，实非易事。敢于说"不"，诚然不易，而善于说"不"，则更加难得。所以给拒绝找一个适当的方式，确实是一门艺术。

拒绝的方式多种多样，可以因人因事灵活运用。

面对某些人的无理取闹，特别是面对时弊陋习，务必旗帜鲜明，断然予以拒绝。

记得钱钟书老人曾针对时下流行的祝寿、纪念会和某些所谓学术讨论会，一概拒之门外，而且毫不客气地一连说出七个"不"："不必花些不明不白的钱，找一些不三不四的人，说些不痛不痒的话。"钱老夫子决不媚俗，该拒则拒，绝不留情。

对于那些懂得自尊，无奈时才偶尔相求但又求得有点出格的人，拒绝则宜委婉，莫伤面子，避免尴尬。

曾有位女士对林肯说："总统先生，你必须给我一张授衔令，委任我儿子为上校"。林肯看了她一下，女士继续说，我提出这一要求并不是在求你开恩，而是我有权力这样做。"因为我祖父在列克星敦打过战，我叔父是布拉斯堡战役中惟一没有逃跑的士兵，我父亲在新奥尔良作过战，我丈夫战死在蒙特雷。"林肯仔细听过后说："夫人，我想你一家为报效国家，已经做得够多了，现在把这样的机会让给别人的时候到了。"这位女士本意是恳求林肯看在其家人功劳的分上，为其儿子授衔。林肯当然明白对方的意思，他装糊涂。

恰到好处的拒绝既有利于自己，也有利于别人。在管理中，作为领导者，你不可能什么事情，什么情况下都能满足对方的要求。有些人经常在该说"不"的时候没有说"不"，结果到头来既害己，又害人，将人际关系弄糟。

敢于说"不"，善于说"不"，这是做人处事不可或缺的学问。

第三节　直来直去是不行的

怎样避免和别人争论

这并不是主张绝对不要和别人争论，在有的时候、有些场合，一个人应该为自己确信的真理和主张去和反对者争论，辨别是非。这种争论，有时还会发展到很激烈的程度。

但是，在一般交谈的场合，却要极力避免和别人争论，因为交谈的主要目的是促进彼此的了解，增进双方的友谊，是一种社交性的活动，一争论起来就很容易伤感情，和原来的目的背道而驰了。

然而，这也并不是说，在一般谈话的场合就完全放弃自己的看法，别人说黑，你也跟着说黑，别人说白，你也跟着说白，这样虽然可以避免争论，但你已经变成一个没有确定的主张和见解的应声虫，或者被人家看成不诚恳不老实的大滑头，这也会妨碍你和别人的正常交往。

如果要做到既不必随声附和别人的意见，又避免和别人争论，究竟有没有两全的办法呢？

答案是："有的"。

1. 尽量了解别人的观点。在许多场合，争论的发生多半由于大家只看重自己这方面的理由，而对别人的看法没有好好地去研究，去了解。如果我们能够从对方的立脚点去看事情，尝试着去了解对方的观点，认识到为什么他会这样说，这样想。这样，一方面使我们自己看事情的时候会比较全面；另一方面也可以看到对方的看法也有他的理由。即使你仍然不同意他的看法，但也不至于完全抹杀他的理由，那么自己的态度就可以比较客观一点，自己的主张就可以公允一点，发生争论的可能性就比较地少了。

同时，如果你能把握住对方的观点，并用它来说明你的意见，那么，对方就容易接受得多，而你对其观点的批评也会中肯得多。而且，他一旦知道你肯细心地体会他的真意，他对你的印象就会比较好，他也会尝试着，去了解你的看法。

2. 对方的言论，你所同意的部分，尽量先加以肯定，并且向对方明确地表示出来。一般人常犯的错误就是过分强调双方观点的差异，而忽视了可以相通之处。所以，我们常常看到双方为了一个枝节上的小差别争论得非常激烈，好像彼此的主张没有丝毫相同之处似的，这实在是一件不智之举，不但浪费许多不必要的精力与时间，而且使双方的观点更难沟通，更难得到一致的或相近的结论。

解决的办法是，先强调双方观点相同或近似的地方，在此基础上，再进一步去求同存异。我们的目的是在交谈中使双方的观点更接近，双方的了解更深。

即使你所同意的仅是对方言论中的一部分或一小部分，只要你肯坦诚的指出，也会因此营造比较融洽的气氛交谈，而这种气氛，是能够帮助交谈发展，增进双方的了解的。

3. 双方发生意见分歧时，你要尽量保持冷静。通常，争论多半是双方共同引起的，你一言我一语，互相刺激，互相影响，结果就火气越来越大，情感激动，头脑也不清醒了。如果有一方能够始终保持清醒的头脑和平静的情绪，那么，就不至于争吵起来。

但也有的时候，你会遇见一些非常喜欢跟别人争论的人，尤其是他们横蛮的态度和无理的言词常常使一个脾气很好的人都会失去忍耐。在这种时候，你仍然能够不慌不忙，不急不躁，不气不恼的，将会使你可以能够跟那些最不容易合作的人好好地进行有益的交谈。

4. 永远准备承认自己的错误。坚持错误是容易引起争论的原因之一。只要有一方在发现自己的错误时，立即加以承认，那么，任何争论都容易解决，而大家在一起互相讨论，也将是一桩非常令人愉快的事情。在我们谈话的时候，我们不能对别人要求太高，但却不妨以身作则，发现自己有错误的时候，就立刻爽快地加以承认。这种行为，这种风度，不但给予别人很好的印象，而且还会把谈话与讨论带着向前跨进一大步，使双方在一种愉快的心情之中交换意见与研究问题。

5. 不要直接指出别人的错误。老一辈的人常常规劝我们不要指出别人的错误，说这样做会得罪人，是非常不智的。然而，如果在讨论问题的时候，不去把别人的错误指出来，岂不是使交谈变成一种虚伪做作的行为了么？那么，意见的讨论，思想的交流，岂不是都成为根本没有必要的行为了么？

然而，指出别人的错误的确是一件困难的事，不但会打击他的自尊和自信，而且还会妨碍交谈的进行，影响双方的友情。

那么，究竟有没有两全之道呢？

你可以尝试用以下的方法：

首先，你不必直接指出对方的错误，但却要设法使对方发现自己的错误。

在日常生活中，大家交谈的时候，并不是每一个人都能够始终保持清醒的头脑和平静的情绪，有许多人都有一种感情用事的毛病。即使那些自己很愿意跟别人心平气和地讨论问题的人，有时也不免受自己的情绪支配，在自己的思考与推论中，掺进一些不合理的成分。如果你把这些成分直截了当地指出来，往往使对方的思想一时转不过来，或是情绪上受了影响，感到懊恼异常。或者引起他的恶意的反攻，或者使他尽力维护他的弱点，这都是对交谈的进行十分不利的。

但如果在发现对方推论错误的时候，你把你交谈的速度放慢，用一种商讨的温和的语调陈述你自己的看法，使他能够自己发现你的推论更有道理。在这种情形下，他也就比较容易改变他的看法。

很多人都有这种认识：一个人免不了会看错事情，想错事情，假使他们能够自己发觉错误所在，他们就会自动地加以纠正。但是如果被人不客气地当众指出来，他们就要尽力去掩饰，尽力去否认，尽力去争执，因此为了避免使他们情绪激动，我们就不去直接批评他的错误，不必逼他当着众人的面说："我错了，"或者"我全错了"。有的人一看到别人犯了一点错误，就要把它死叮住不放，还加以宣扬，自鸣得意地让对方为难，这是一种幼稚的举动，是一种幸灾乐祸的态度，不是一种对人友好，与人为善的做法。

6. 最后，我们要改变一个人的看法和主张，并不是一朝一夕就可以成功的。所以我们不但不要心急地去使别人接受我们意见，反而更要

215

争取长期和别人互相交谈的机会，让我们从心平气和的讨论中，逐渐把正确的真理，传播到朋友们的心中脑中。

怎样委婉地表示谢绝

一，要以非个人的原因作借口

拒绝他人，最困难的就是在不便说出真实的原因时又找不到可信而合理的借口，那么，不妨在别人身上动动脑筋，比如借口你的家人方面的原因。一位生活惬意的家庭主妇自称她的生活之所以能如此安宁，就是因为她能巧妙地拒绝。当一个推销员敲她家门时，她的态度礼貌而坚定："我丈夫不让我在家门前买任何东西。"你看我买你的商品，不是因为我不愿意掏腰包，而是因为我那个有点古怪的丈夫。这样一来，推销员既不会因为你没买他的东西而怨恨你，同时也感到再说下去也是白费口舌，因为问题不在于你，而在于你那个他并未晤面的丈夫，于是，他只好作罢。

二、明确表示你很愿意满足对方的要求

当有人请求你的帮助时，在力所能及的范围内，应该尽量给予帮助。但碰上实在无能为力的事，你无法给予对方帮助时，也不要急于把"不"字说出口，不要使对方感到你丝毫没有帮助他解决困难的诚意，否则，你在别人眼中会是一个自私而缺乏同情心的人。保险公司的小安是处理协调客户赔偿要求的事务的，小安的工作决定他要经常地拒绝客户的要求。然而，他总是对客户的要求表示同情，并解释说，从道义上讲他同意对方的要求，可自己实在是心有余而力不足。由于拒绝得法，小安的工作做得很出色。同样，当别人有求于你而你又无能为力时，先不忙拒绝他，而要耐心地倾听他的陈述，对他所处的困境表示同情，甚至可以给他提些建议，最后告诉他，你实在无法帮他，对方绝不会因此而生气，反而会被你的诚意所感动。

三、通过诱导对方来达到拒绝的目的

当别人向你提出不合理的要求时，不要简单地拒绝他，而应该让他明白他的要求是多么荒唐，从而自愿放弃它。一位业绩卓著的室内设计师声称，对于用户的不合实际的设想，他从不直截了当地说"不行"，而是竭力引导他们同意他希望他们做的事情。一位妇女想要用一种不合适的花布料做窗帘，这位设计师提议道："我们来看看你希望窗帘布置达到什么效果。"接着，他大谈什么样的布料做窗帘才能与现代装饰达成最好的和谐，很快，那位妇女便把自己的花布料忘了。

四、在拒绝的同时说明还应做些什么

这一点对担任一定领导职务的人尤其重要。比如你的属下向你提出的要求得不到你的满意答复，你不妨告诉你的属下的努力方向，使他始终看到希望，与此相比，你的拒绝就显得微不足道了，不会挫伤他的自尊心，也不会伤害你与属下之间的感情了。《成功的人际关系》一书的作者、美国的威廉·雷利博士在谈及怎样处理下属希望晋职而他本身的条件又不够的情况时，曾建议企业主管这样说："是的，乔治，我理解你希望得到提升的心情。可是，要得到提升，你必须先使自己变得对公司更重要。现在，我们来看看对此还要多做点什么……"

五、用最委婉、和气的方式来表达你的意见

一位热情奔放的老妇人决定与年轻的女邻居交朋友，她发出邀请："欣迪，你明天上午到我家来玩，好吗？"欣迪脸上露出温和宽厚的笑容说："不行啊！"她的拒绝既友好又温情，但态度又是那么坚决，老妇人只好作罢。所以，当别人的请求你无法满足，而又不能或无须找任何借口时，就用最委婉、最友善、最真诚的语言拒绝他，不留任何回旋的余地。

如何选择不伤和气的拒绝词

为人办事，当然是有求于人，但有时候，对方提出了过分的要求，还是应该加以拒绝。当然，拒绝人家的请求，否定人家的意见，往往需要委婉的表达。这样既能使对方接受你的意见，又不会伤害对方的自尊心。当你准备说"不"时，不妨采取下列五种策略和口气来应付：

一、用肯定的口气拒绝

一位长期从事军事工作的部门领导说，他最喜欢的语句是："这个提议非常好，但目前我们还不宜采用"，"好主意，不过我恐怕一时还不能实行"。用肯定的态度表示拒绝，可以避免伤害对方的感情，而用"目前"、"一时间"等字眼，则表示还未完全拒绝。

二、用恭维的口气拒绝

一位资深的摄影家，拒绝的做法是先恭维对方。有一次，有人邀请她加入某委员会，她婉转地说："承蒙邀请，我很高兴。我对贵机构真的十分钦敬，可惜我工作实在太忙，无法分身，你的美意我只能心领了。"

三、用商量的口气拒绝

如果有人邀请你参加某集会，而你偏偏有事缠身无法接受邀请，你可以这样说："太对不起了，我今天的确太忙了，下个星期天行吗？"这句话要比直接拒绝好得多。

四、用同情的口气拒绝

最难拒绝的是那些只向你暗示和唉声叹气的人。例如一位外地朋友对你说："老李要出差到你们那边。要不是住旅馆费那么贵，我也会跟他一起去。"

这时你应该采取的策略，是以同情的口吻说："啊，对你的问题，我爱莫能助。"另一对策是打开窗户说亮话："如果你是在问能不能来我家里住，恐怕这个周末不行了。"

五、用委婉的口气拒绝

试比较一下："我认为你这种说法不对"与"我不认为你这种说法是对的""你觉得这样不好"与"我不觉得这样好"这两种表达方式，我们不难发现，尽管前后的意思是一样的，但后者更为委婉，较易为人接受，不像前者那样有咄咄逼人之势。

委婉地拒绝

在社交活动中，人们常常遇到如下的情况：当别人有求于你，而你出于各种原因却不能接受，又不好直说"不行"、"办不到"，怕伤害对方的自尊心；对方提出一些看法，你不同意，既不想讲违心之言，又不愿直接顶撞对方；你看不惯对方的行为，既想透露内心的真情，又不愿意表达得太直露，以免刺激对方。为了很好地应答上述种种情况，就要在社交活动中学会巧妙地拒绝，根据不同的情境善于说"不"。这种拒绝的艺术可采取如下的一些方式方法。

（1）假托直言

直言是对人信任的表现，也是与对方关系密切的标志。但是，有时直言可能逆耳，不能收到预期的效果。在这种情况下，要拒绝、制止或反对对方的某些要求、行为时，可采取假托由于非个人的原因作为借口从而加以拒绝，这样对方就容易接受。

例如，某报社的推销员登门要求你订阅他们发行的报纸，可你不想订阅。你可以很有礼貌地说："谢谢。你们的服务很周到，可是我家已经订阅了其他几家报社的报纸了，请谅解。"

（2）反复申说

当别人侵犯了你的权利时，你要维护你的权利，一面坚持说你所需要的东西而不生气，也不急躁或高声喊叫，在一种冲突的情境中有效地表达你的意见。这种方法也叫"破唱片法"，即反复申说。

例如，你到商店去买东西，由于购物的人多，售货员少找给你伍元钱。你向售货员提出，售货员因记不清而引起了纠纷。这时你要以一种平静而重复的声音诉说是如何少找还你钱的，直到问题得到解决。下面是店员和买主的一段对话：

买主：小姐，你少找给我伍元钱。

店员：不会吧，我们总是一手交钱，一手付货

买主：我相信你们总是这样做的，可是你确实少找给我伍元钱。

店员：你有发货票吗？

买主：有（拿出发货票），你看，就是差了伍元钱。

店员：（看发货票）。你在这里买的是两双儿童的靴子。

买主：不错，你再算算，就是差伍元钱。

店员：你看过你的衣袋没有？你是不是掉在哪儿了？

买主：不会的，我没动地方。我衣袋里再没有钱了。

店员：现在没法结算，快闭店时我们结账，你来一趟好吗？

买主：我是相信贵店的，一定会找到。

（3）模糊应对

在交往中，由于某种原因不愿意或不便于把自己的真实想法说给对方，这时就可以用模糊语言来应对。

例如，在医院里，一位患有严重疾患的病人问医生："我的病是不是很重，还有康复的希望吗？"医生回答："你的病确实不轻，但是经过治疗，安心养病，慢慢会好的。"这里的"慢慢会好"是模糊语言。这"慢慢"是多久，是说不清的，但给病人以希望，对病人是一个极大的安慰。

（4）可行性妥协应对

这种方法是明确表示你希望满足对方的要求，并表示同情，可是实际上是心有余而力不足，请对方谅解，而不直接拒绝。这样也能收到良

好的效果。

例如，客户要求电信局安装市内住宅电话，由于供不应求，无法一一满足，但又不能拒绝客户的要求。回答时，应表示同情，并热情地说："满足客户的要求是我们应尽的责任，可是由于目前线路短缺，还不能全都解决，我们正在创造条件，请你耐心等待。"

（5）选择应答

选择应答是对对方提出的问题有选择地回答，而不直接否定对方提出不合己意的问题。

例如，你的同学问你："某某小说写得很不错，你认为怎样？"

你可以这样回答：

"还可以，不过我更喜欢某作家的某一本小说。"

再如，星期天你的妻子说："今天我们去看话剧好吗？"而你不愿去，却说："去看电影怎么样？"这样回答不会引起对方的反感，可能会同意你的意见。

（6）巧避分歧

对某一人某一事物有不同的看法，而你又一时说不出谁是谁非，这时就要本着"求大同，存小异"的原则，用巧妙的辞令含蓄地加以回避。

例如，有人问文艺理论家："你对当前争论最大的演员×××是怎样看的？"

理论家回答："过去我与×××素不相识，直到前不久开会时听了她的发言才算认识了她。关于×××的争论我不了解，无从谈起。只觉得对于像她这样的优秀演员，我们一定要珍惜，不应过多的苛求。我们这一代人，生活的人文环境不好，文化的营养很不足，在这种条件下，能够达到这样的表演艺术水平，太不容易了。我们应充分敬重她，不要苛求我们的演员。苛求，是一种罪恶。"这是巧妙地避开争论的问题又说出了一般人对×××持有的看法，可谓巧避分歧。

灵活处理不同意见和见解

处理不同意见和见解异议有以下四种基本方式：

一、不处理

我知道这种建议听起来好像很奇怪，但是我觉得有时候某些异议可以置之不理。比如，你在介绍计划时有人会说"听起来实施这个计划会很复杂"。对此，你的反应可以仅仅是一个会意的微笑，然后继续讲下去，不再理会。

在促销会上，有人可能会说"听起来会很花钱的"，对此你可以说"对"，然后继续解释你的计划，介绍从中得到的好处如何会大大地超出所需的投资。

我们在采取不理会的方法时应非常谨慎。这些异议如果对提问人来说真是问题的话，那么他会始终记着的，等你讲完后他还会提出来，这期间你说的什么他几乎都听不进去。

二、一段时间后再处理

我们可以这样说：

"巴里，提得好，一会儿我会讲到这个问题。"或者"我准备在讲投资部分时谈谈这个问题。我把它留到那时讲，好吗？"

另外，还必须注意巴里的身体语言和表情，确信他暂时已不会再纠缠这个问题，而且明白你会在后面讲解的。决不能让他有这样的感觉，认为你说后面再讲仅仅是希望大家会忘记这个问题。

三、立刻处理

通常情况下最好的方法是立刻就处理异议，当然这样做会打断你的发言或思路。你可以说：

"这是一个很好的问题，很高兴你能把它提出来。现在我们一起看看是怎么回事。"

222

"约翰，你说这个计划可能难以落实，能否再详细说说你的观点，让我能完全明白你的意思？"

你从这个问题的答复中能更好地理解约翰是怎么看待这个问题的。等他答复后你可以说：

"要是我理解得对的话……"针对他提出的异议，你重新措词解释来肯定你的计划。

四、提出之前就处理

对付潜在问题，这是最有力的方法，能起到良好的作用。第一，这表明你为会议做了很好的准备，对提出的计划，你一定考虑了他人会怎么说。第二，你能把解答问题与你的发言内容有机地融合在一起，根据自己的时间表妥善处理各种异议。第三，你用自己的语言解释问题，而不用被动地等待他人的提问。第四，你显然是一点儿也不担心会有异议，否则，你是不会自己提出来的。

你会这样说：

"现在有些人会说这个计划可能难以落实，他们说的也许有点道理，但是……"接着解释计划将会如何容易地被落实完成。

"有些人会认为太贵了，但是我已经核查了所有必需的支出，平均下来每月只需一千八百英镑。而这项投资每月能产生六千七百英镑的收益。这是一项不错的投资，你们不会不同意吧？"

问题在提出前就解决了，这是最有效的方法。

该委婉和含糊时，就不要直白

一、学会委婉

委婉法是运用迂回曲折的含蓄语言表达本意的方法。在日常交际中，总会有一些人们不便、不忍，或者语境不允许直说的话题，需要把"辞锋"隐遁，或把"棱角"磨圆一些，使语意软化，便于听者接受。说话人故意说些与本意相关或相似的事物，来烘托本来要直说的意思。

委婉法是办事说话时的一种"缓冲"方法。委婉语能使本来也许是困难的交往，变得顺利起来，让听者在比较舒坦的氛围中接受信息。因此，有人称"委婉"是办事语言中的"软化"艺术。例如巧用语气助词，把"你这样做不好！"改成"你这样做不好吧。"也可灵活使用否定词，把"我认为你不对！"改成"我不认为你是对的。"还可以用和缓的推托，把"我不同意！"改成"目前，恐怕很难办到。"这些，都能起到"软化"效果。

具体地说，委婉法有以下几种形式：

（1）讳饰式委婉法。

讳饰式委婉法，是用委婉的词语表示不便直说或使人感到难堪的方法。

有时，即使动机好，如果语言不加讳饰，也容易招人反感。比如：售票员说："请哪位同志给这位'大肚皮'让个座位。"尽管有人让出了座位，但孕妇却没有坐，"大肚皮"这一称呼，使她难堪。如果这句话换成："为了祖国的下一代，请哪位热心人，给这位'有喜'的妇女大姐让个座位。"当有人让出座位时，这位孕妇就会表示对售票员感谢，并愉快地坐下。

（2）借用式委婉法。

借用式委婉法，是借用一事物或他事物的特征来代替对事物实质问题直接回答的方法。例如：

在纽约国际笔会第四十八届年会上，有人问中国代表陆文夫："陆先生，您对性文学怎么看？"陆文夫说："西方朋友接受一盒礼品时，往往当着别人的面就打开来看。而中国人恰恰相反，一般都要等客人离开以后才打开盒子。"

陆文夫用一个生动的借喻，对一个敏感棘手的难题，婉转地表明了

224

自己的观点——中西不同的文化差异也体现在文学作品的民族性上。以上例子，实际上是对问者的一种委婉的拒绝，其效果是使问话者不至于尴尬难堪，使交往继续进行。

（3）曲语式委婉法。

曲语式委婉法，是用曲折含蓄的语言和商洽的语气表达自己看法的方法。例如：

《人到中年》的作者谌容访美。在某大学作讲演时，有人问："听说您至今还不是中共党员，请问您对中国共产党的私人感情如何？"谌容说："你的情报很准确，我确实还不是中国共产党员。但是我的丈夫是个老共产党员，而我同他共同生活了几十年尚无离婚的迹象，可见……"

谌容先不直言以告，而是以"能与老共产党员的丈夫和睦生活几十年"来间接表达自己与中国共产党的深厚感情。有时，曲语式委婉法比直接表达更有力，这种曲语式的委婉用语，真是利舌胜利剑。

二、要学会含糊

含糊法是运用不确定的、或不精确的语言进行交际的方法。在公关语言中运用适当的含糊，这是一种必不可少的艺术。办事需要语词的模糊性，这听起来似乎是很奇怪的。但是，假如我们通过约定的方法完全消除了语词的模糊性，那么，就会使我们的语言变得十分贫乏，使它的交际和表达的作用受到限制。

例如：某经理在给员工作报告时说："我们企业内绝大多数的青年是好学、要求上进的。"这里的"绝大多数"是一个尽量接近被反映对象的模糊判断，是主观对客观的一种认识，而这种认识往往带来很大的模糊性。因此，用含糊语言"绝大多数"比用精确的数学形式的适应性强。即使在严肃的对外关系中，也需要含糊语言，如"由于众所周知的原因"，"不受欢迎的人"，等等。究竟是什么原因，为什么不受欢迎，其具体内容，不受欢迎的程度，均是模糊的。

平时，你要求别人到办公室找一个他所不认识的人，你只需要用模糊语言说明那个人矮个儿、瘦瘦的、高鼻梁、大耳朵，便不难找到了。倘若你具体地说出他的身高、腰围精确尺寸，倒反而很难找到这个人。因此，我们必须至少在办事说话时放弃这样一种观念："较准确"总是较好的。

（1）宽泛式含糊法。

宽泛式含糊法，是用含义宽泛、富有弹性的语言传递主要信息的方法。例如：

现代文学大师钱钟书先生，是个自甘寂寞的人。居家耕读，闭门谢客，最怕被人宣传，尤其不愿在报刊、电视中扬名露面。他的《围城》再版以来，又拍成了电视剧在国内外引起轰动。不少新闻机构的记者，都想约见采访他，均被钱老执意谢绝了。一天，一位英国女士，好不容易打通了钱老家的电话，恳请让她登门拜见钱老。钱老一再婉言谢绝没有效果，他就妙语惊人地对英国女士说："假如你看了《围城》像吃了一只鸡蛋，觉得不错，何必要认识那个下蛋的母鸡呢？"洋女士只好放弃了采访打算。

钱先生的回话，首句语义明确，后续两句："吃了一只鸡蛋觉得不错"和"何必要认识那个下蛋的母鸡呢？"虽是借喻，但从语言效果上看，却是达到了"一石三鸟"的奇效：其一，是属于语义宽泛，富有弹性的模糊语言，给听话人以寻思悟理的伸缩余地；其二，是与外宾女士交际中，不宜直接明拒；采用宽泛含蓄的语言，尤显得有礼有节；其三，更反映了钱先生超脱盛名之累、自比"母鸡"的这种谦逊淳朴的人格之美。一言既出，不仅无懈可击，且又引人领悟话语中的深意，格外令人敬仰钱老的道德与大家风范。

（2）回避式含糊法。

回避式含糊法，是根据某种场合的需要，巧妙地避开确指性内容的方法。

在涉外接待活动时，每当与外宾交谈会话中，遇到"难点"就应巧妙回避转移，例如：

一个美国客人在韶山毛泽东故居参观之后，中午在一家个体饭店吃饭，老板娘的一手正宗的湘菜，使这位美国客人吃得非常满意。他在付钱时，看到老板娘家境富裕，他突然提出如下问题：

"老板娘，如果你的老同乡毛泽东还在，会允许你开店吗？"

这是明知故问，其中含意不言自明。这时，老板娘略一寻思，就作出回答：

"没有毛主席他老人家，我早就饿死了，还能开什么店啊！"然后她接着说："如今，邓小平接了班，党的富民政策好，日子越过越美好！"

显然，美国客人意在用老板娘的回答，来否定毛泽东的历史功绩，乃因其中隐含一个必然的判断：毛泽东决不会允许你开店，那么你也富不了，因而，毛泽东应该是被否定的。而老板娘的答话，以回避正题的模糊法，反而作出令人折服的回答，既不轻慢美国客人，又维护了毛主席的威望，赞扬了如今的富民政策。由此，反映了韶山人民的心声："毛主席让我们站起来，邓小平让我们富起来！"

三、妙用"模糊语言"

模糊语言也是实际表达中需要的，常用于不必要、不可能或不便于把话说得太实太死的情况，这时就要求助于表意上具有"弹性"的模糊语言。随机应变，尤其需要模糊语言。

1962 年中国在自己的领空击落美国高空侦察机后，在记者招待会上，有记者突然问外交部长陈毅："请问中国是用什么武器打下 U—2 型高空侦察机的？"这个问题涉及国家机密，当然不能说，更不能乱说。但对记者的提问，又不能不答。于是陈毅来了个闪避："嗨，我们是用竹竿把它捅下来的呀！"用竹竿当然不可能捅下来，但大家都心照不宣，哈哈大笑一阵便罢了。